OS MORTOS NOS AJUDAM

Basta crer que eles podem

CB051645

Adhemar Ramires

OS MORTOS NOS AJUDAM

BASTA CRER QUE ELES PODEM

© Publicado em 2012 pela Editora Isis Ltda.

Supervisor geral: Gustavo L. Caballero

Revisão de textos: Editora Isis

Diagramação e Capa: Décio Lopes

CIP-Brasil. Catalogação na Fonte
Sindicato Nacional dos Editores de Livros, RJ

Ramires, Adhemar

Os mortos nos ajudam / Adhemar Ramires – São Paulo: Editora Isis, 2012. – 1ª Edição – 155 págs.

ISBN: 978-85-8189-007-4

1. Parapsicologia 2. Ocultismo 3. Espiritismo I. Título.

Proibida a reprodução total ou parcial desta obra, de qualquer forma ou por qualquer meio seja eletrônico ou mecânico, inclusive por meio de processos xerográficos, incluindo ainda o uso da internet sem a permissão expressa da Editora Isis, na pessoa de seu editor (Lei nº 9.610, de 19.02.1998).

Direitos exclusivos reservados para Editora Isis

EDITORA ISIS LTDA
www.editoraisis.com.br
contato@editoraisis.com.br

Índice

Os mortos nos ajudam..07
Apêndice.. 139

Os mortos nos ajudam
Basta crer que eles podem

Amo o tio Alfredo desde os tempos do sítio do vovô, quando, ainda na minha meninez, passei a precisar compartilhar com alguém as minhas aflições, as lágrimas e os risos da minha infância.

A casa do sítio do vovô era caiada, grande, pé-direito muito alto, e tinha-se de subir por uma escada de cimento com doze degraus para entrar na cozinha. A porta da cozinha, voltada para o leste, era como se marcasse o frontispício daquele casarão, porque para o lado oposto, o da fachada principal dava aposentos que a gente nem usava. Atravessando o interior da casa a partir da cozinha, passava-se pela enorme sala, seguia-se por um longo corredor, para dar na varanda que tomava toda a fachada principal, voltada para o oeste. Dessa varanda, uma escada, agora de madeira, descia para o jardim com camélias, copos-de-leite, roseiras, bocas-de-leão e plantas de nomes esquisitos originadas de sementes trazidas da Espanha. Os dois sombrios corredores que se entrecruzavam apresentavam pesadas portas amareladas de quartos que outrora alojavam cerca de quinze pessoas da família, agora quase vazios de tudo, separados tacitamente dos ambientes com sinais de vida, e de mim, que não ousava entrar naqueles ermos sozinho. Na parte de baixo da casa, um porão de teto alto atulhado de cacaréus permitia que um adulto andasse por ele descuidado de bater a cabeça. Penumbroso, cor de mofo, nessa cave abandonada eu nunca entrava, exceto na companhia do tio Alfredo para xeretar nas quinquilharias.

Não sei a partir de que idade ficou-me lembranças do sítio do vovô e o que está se esfumando na minha saudade, mas não esqueço que ao norte da casa o pasto subia até se perder de vista numa divisa tácita com o sítio vizinho – por que aquelas enormes propriedades não eram chamadas de fazenda? -, raras vezes alguém ia para aqueles lados que para mim apresentavam como única atração os pés de jamelão, com trinar dos sanhaços azuis se alimentando dos frutos.

Do lado sul da casa, o sítio descia, ia descendo até um córrego com a cachoeira disfarçada entre bambuzais, e era onde se escondia o gavião que comia criancinha. Dali, as pastagens do sítio subiam, subiam, para terminarem numa cerca de arame farpado separando do nosso o sítio dos Mirandas. Meio quilômetro antes dessa cerca, no meio da subida, havia uma mina de água cristalina que escorria por vários regos serpeando até o córrego lá embaixo.

A oeste, o sítio também dava num rio, e para ir até ele tinha-se de atravessar o estradão – por onde de vez em quando passava boiada vinda de fazendas longínquas, levantando poeira, tocada por boiadeiros e berrante cujo ronco podia ser ouvido lá de casa. Cerca de dois quilômetros de pastagens depois do estradão, alcançava-se o brejo e as margens sinuosas do rio, águas sussurrantes protegidas por matas ciliares, onde eu pescava mandi-chorão com o tio Alfredo. Havia ali muito mosquito, cujas marcas de picada eu tinha que esconder para a mamãe não ralhar com o meu tio. Havia também jacarés que comiam crianças, mas nunca vi um. O que eu adorava naquele fundão eram as taboas, que não se conseguia apanhar sem o canivete do tio Alfredo, porque o caule vergava e não arrebentava, mastigava no ponto da verga e não adiantava torcer, não havia força que desse jeito. Com os braços cheios de taboas cortadas pelo pedúnculo a canivete, eu voltava feliz para casa e ia brincar de festa de São João, em que as taboas atiradas para o alto eram os rojões imaginários que eu fazia estourar com um "pum" gritado com toda a força.

As terras do sítio que se estendiam a leste eram as minhas mais conhecidas, o caminho para Olímpia, para a casa dos vovôs. Ia-se pela estrada carroçável, atravessava-se pelo carreador o cafezal e, pronto, já se dava no muro do cemitério da cidade.

Meu pai era o capataz do sítio – metido a dono – desde que os meus avôs paternos, espanhóis (os meus avôs por parte de mãe eram italianos), já octogenários, passaram a viver na cidade, Olímpia, num confortável bangalô na Praça da Matriz. Nos fins de semana em que íamos pernoitar na casa dos vovôs, eu gostava de ficar no alpendre, balançando-me na cadeira de balanço, contando as badaladas do sino da igreja, ouvindo o toque-toque das charretes na rua de paralelepípedos desgastados, vendo os homens que passavam tirando o chapéu para cumprimentar o meu avô com um "bom-dia, seu Domingos, parece que vai chover!" Moravam com os meus avós somente os dois filhos ainda solteiros – o tio Mingo e o caçula, tio Alfredo –, os outros dez, homens e mulheres, já se tinham casado e estavam espalhados por São Paulo.

Os sábados à tarde na casa dos vovôs às vezes eram para mim um suplício, quando queriam que eu fosse dormir depois do almoço para não ficar sonolento à noite na quermesse com leilão, com a tuba da banda que me extasiava e os pratos metálicos percutidos de surpresa que me assustavam, tudo misturado com o cheiro de banho de sabonete *Cashmere Bouquet*, de pó de arroz, do perfume das mulheres que se abananavam com leques de todas as cores. Trancafiavam-me num quarto com ordem expressa para dormir. Eu não dormia: chorava, chutava a porta, gritava, apanhava de chinelo, o tio Alfredo acudia. À noite, estava exausto, caindo de sono, e perdia toda a festa na praça ajardinada da cidade, dormindo no colo da minha mãe, mas muita coisa ainda me está gravada na memória: o milho pipocando iluminado pelo lampião no carrinho, o amendoim torrado oferecido em pequenos cones de papel, o algodão-doce, o leiloeiro apregoando e o seu martelo, a vontade louca que fiquei de comer peru... O tio Mingo sempre arrematava não sei o quê, até um dia que arrematou o peru – um peru assado tão aurifulgente quanto uma panela de cobre polida com areia e suco de limão. A ave tinha as pernas decepadas apontadas para cima, era envolvida numa folha de celofane amarela que a deixava ainda mais dourada, enfeitada com um laço de fita vermelha na altura do peito. Eu não gostava de comer peru, tanto que quando a minha mãe assava um no sítio eu deixava no prato; quando a minha avó fazia no Natal eu só comia a farofa do recheio, que tinha aquelas coisas doces misturadas. Entretanto, aquele peru que o tio Mingo arrematou, visto através da transparência do celofane... Que delícia! O tio saiu com o peru levado nos braços estendidos, passou pelo povo em passos resolutos, cabeça aprumada de general romano conduzindo o troféu conquistado, com certeza já decidido que uma mulher bonita iria saborear com ele o fantástico assado embrulhado para presente, e desapareceram, ele e o peru, na direção do clube da cidade. Hoje eu até gosto de comer peru, mas em toda a minha vida jamais provei um tão delicioso como devia ser aquele envolvido no celofane.

Nos domingos, tinha o almoço da minha avó, com todas aquelas coisas que eu detestava – grão-de-bico, rebuçao (rebuçado?), bacalhoada –, com o que eu adorava: o guaraná *champagne* da Antártica, que eu tomava através de um furo feito com prego na tampinha, chocalhando a garrafa para a espuma fazer pressão e espirrar no fundo da boca. À noitinha, de regresso para o sítio, quando o meu pai tinha dinheiro, parávamos para tomar sorvete de abacaxi na taça prateada acompanhada de um copo com água gelada. Da sorveteria em diante, meu pai tinha que me levar no colo ao longo da Avenida São João e depois costeando o muro assombrado do cemitério e pelo cafezal. Eu ia modorrento, balançando às passadas do papai, babando na ombreira do seu paletó, mas leve, franzino que era.

Sentia-me solitário no sítio quando o tio Alfredo não aparecia. O meu pai não se conta, nunca permitiu que eu tivesse uma ideia clara dele. Quando falava comigo, as expressões do seu rosto não combinavam com os pensamentos, acho que ele controlava as emoções. Ademais, vivia o tempo todo ausente – diziam-me que estava na roça, mas eu acho que não, ele não gostava de trabalhar. Eu me lembro dele mais de quando noitinha, em que depois da janta ele conversava à mesa com a mamãe e a minha irmã, e os três pareciam bruxulear à luz da lamparina. Minha irmã não brincava comigo, estava sempre ajudando a mamãe em alguma coisa. Na casa-de-colono mais próxima da nossa casa, havia dois meninos com pouco mais da minha idade, porém a gente raramente se encontrava: eu tinha medo de ir sozinho até a casa deles e eles não vinham à minha (parece que o meu pai havia brigado com o pai deles). Restava-me Branco, um cão mestiço que me alegrava na ausência do tio Alfredo.

Eu era muito chorão. Quando apanhava – mais da minha mãe, porque o papai me intimidava com um simples olhar –, ou simplesmente sentia vontade de chorar, refugiava-me debaixo de uma jabuticabeira enorme que ficava ao lado da casa. Também era muito medroso. À noite eu sentia medo de adormecer na cama, então a minha mãe cantava até o sono me vencer: "Bicho tatu, que mora no telhado, deixa o meu filho dormir sossegado." Eu não temia os porcos no chiqueiro, mas, quando adormecia, sentia-me horrorizado nos pesadelos com porcos que desciam pelas paredes do quarto para me pegarem. Se nessas ocasiões eu acordasse, saía correndo aos gritos pelo longo corredor escuro e a minha mãe precisava levar-me novamente para a cama e cantar segurando as minhas mãos: "Boi, boi, boi do curral, vem pegar o meu filho porque que ele quer chorar. Não, não, não coitadinho, mais que ele chora ele é tão bonitinho."

Alguns temores eu fui perdendo com o tempo. Um dia meu pai entrou apressado em casa para pegar a espingarda cartucheira preta de dois canos. Quando ele saiu, eu segui atrás dele e vi o gavião lá no alto, no pé de cajá-manga, de peito virado para nós, olhando-nos, à espreita, esperando a oportunidade para levar nas garras um pintainho. Meu pai apoiou o cano da espingarda na tábua da cerca do curral e apontou cuidadosamente. Eu tapei os ouvidos com as mãos, vi a fumacinha sair da espingarda e o gavião despencar. Corremos para lá e pude ver de perto a ave morta. Toquei nela com uma sensação de triunfo, de vitória do bem sobre o mal, e a partir desse dia perdi medo de gavião. Não podia comer criancinha aquele bicho que nem dente para mastigar tinha, que era tão pequeno, muito menor do que eu sempre o via, menor que o nosso galo carijó.

Outro medo que perdi foi o de comer manga após beber leite de vaca. Ninguém tinha coragem de fazer isso – exceto eu e o tio Alfredo –, porque era veneno, muitos já haviam morrido por causa dessa mistura fatal. Durante o café da manhã eu estava sabendo que iria comer manga em seguida, conforme combinado com o meu tio, e a minha mãe falava: "Tome todo o leite, menino, senão você não vai sair com o seu tio." Eu fitava indeciso o leite, perscrutava o tio Alfredo, ele piscava um olho para mim, e eu bebia toda a caneca. Saíamos da mesa e íamos direto para o pomar comer manga verde com sal. As mangueiras estavam todas carregadas: manga espada, burbom, manteiga, coração-de-boi, rosa, coquinho. Maduras, caindo do pé, mas eu gostava mesmo era de manga com sal, verde, cortada em pedaços com o canivete do tio Alfredo.

Lambari, um velho cavalo manco, tido como imprestável porque apresentava uma deformidade na pata dianteira, muito dócil, era outro meu amigo no sítio. Eu trepava na porteira e ficava chamando o Lambari, e ele vinha lamber as minhas mãos, ou não vinha e eu não podia chegar até ele, porque no pasto tinha a Fumaça, vaca braba que conforme me preveniam um menino desobediente já havia morrido nos chifres dela. Quando o tio Alfredo vinha ao sítio, eu montava o Lambari, manso de em pelo; o tio, um castanho arreado. A minha mãe gritava aflita: "Alfredo, você vai matar o menino!" E lá íamos nós, o tio Alfredo cavalgando à frente, eu atrás, no Lambari, e o Branco latindo. Eu e o Lambari bordejávamos a Fumaça e a gente nem sentia medo. Num dia em que eu cavalgava o Lambari, o tio Alfredo fez com que me aproximasse da Fumaça, ela me olhou, deu uma fungada meio arisca e me assustou, mas eu já tinha relado a mão nela. Essa minha façanha eu tive de contar para todo mundo, o que foi uma traição que fiz involuntariamente ao tio Alfredo: por causa da história da Fumaça (à qual minha mente fantasiosa atribuiu dimensão bem maior que a realidade), o tio foi censurado pelo meu pai.

Sem contar as do tio Alfredo, as visitas que recebíamos eram raras, e eu nem gostava muito delas. Quando o tio Jangico e a tia Fefica apareceram, eu fiquei muito contente à chegada deles. Moravam em São Paulo e me trouxeram um lindo caminhãozinho de lata amarelo, que eu adorei. Até então os meus carrinhos se resumiam em pequenos pedaços de tábua chanfrados que eu fazia deslizar sobre carretéis de linha vazios simulando rodas. Como naquele dia eu estava excitado por ter visto uma cobra-coral nas proximidades da entrada do pomar, contei aos visitantes que tinha sido perseguido por uma cobra "desse tamanho", da qual só me houvera safado porque fugi, e que quando ela estava quase me alcançando bateu com a cabeça no tronco da jaqueira e desmaiou. Aqueles meus tios sem graça riram de mim, disseram que o meu nariz ia crescer. Fui chorar humilhado debaixo da jabuticabeira, amassando a tijoladas o caminhãozinho amarelo. Jamais os perdoei, e o que mais me doeu foi que o papai riu com eles. Mais tarde contei a mesma história para o tio Alfredo, ele prestou muita atenção e disse que a minha sorte foi que se tratava de uma cobra burra e muito descuidada, que corria sem olhar direito à frente, batendo a cabeça feito uma tonta.

O tio Mingo aparecia de vez em quando, em fins de semana, sempre acompanhado de duas ou três moças bonitas de vestidos estampados, perfumadas. Ele tinha uma loja na cidade – a Loja das Fábricas – que vendia tecidos de todas as cores dobrados nas prateleiras ou enrolados em manequins. (O tio Alfredo trabalhava numa farmácia, mas vinha ao sítio em qualquer dia, porque todo mundo dizia, era vagabundo.)

O tio Mingo me trazia mimos: bolinhas de gude, que eu perdia logo; dropes de anis, de que eu não gostava, porque faziam arder a minha boca; a revista Tico-tico, com as aventuras do Bolão, do Reco-Reco e do Azeitona, cujas histórias a minha mãe contava para mim tudo errado, pois ela não sabia ler direito. De qualquer modo, quando tio Mingo vinha eu vivia a expectativa de querer saber o que iria ganhar de presente. Ele era uma pessoa fina, que se vestia com elegância, falava bonito e sabia como tratar uma moça chique. Eu os acompanhava pelo pomar e, meio de longe, ficava observando o tio Mingo fazer mesuras. Ele não falava de maneira simples como o tio Alfredo, referia-se a "frutas cítricas", mostrava cada árvore frutífera às moças, procurava as tangerinas mais bonitas do pé e oferecia a elas. Usava a faca cega da minha mãe para descascar sem jeito uma laranja-da-baía e a cortava pela metade depois de descascada cheia de feridas. Não era como o tio Alfredo, que descascava fazendo o canivete circular ao redor da laranja, produzindo uma longa tira fina e estreita de casca, contínua, que eu ia esticando pela ponta até o canivete soltar a outra extremidade junto do talo. Então ele enfiava a ponta do canivete e fazia correr a lâmina ao redor do umbigo da laranja, para abrir um pequeno orifício cônico na fruta. Eu atinava que se as moças vissem o tio Alfredo descascar laranja-de-umbigo elas iriam até querer namorá-lo, e ainda poderiam chupar laranja pelo buraquinho, sem risco de se lambuzarem.

    Com o tio Alfredo os meus momentos eram somente alegria. Contava-me as histórias que ele lia nos gibis, do Capitão América, do Super-homem, do Zorro, do Tarzan. Fazia-me estilingue com tiras de borracha vermelha trazidas da cidade e com forquilha tirada de galho de árvore, desbastada cuidadosamente com o canivete. Certa vez ele me fez um bodoque e ensinou-me a manejar aquele arco para atirar bolotas brancas de saibro que modelávamos com as mãos e púnhamos para endurecer ao sol. Quando fui atirar uma pedra com o bodoque, o fiz desastradamente de modo que a pedra arremessada atingiu a mão que segurava o arco. Chorei de dor, a unha ficou azul e a minha mãe destruiu o meu bodoque.

    Eu e o tio Alfredo pegávamos passarinhos com alçapão, arapuca, no visgo, e às vezes ele levava a espingardinha de espoleta que atirava grãozinhos de chumbo dispersados – uma arma feita pelo meu pai, com cano de ferro serrado e coronha de cabriúva. Eu levava um embornal a tiracolo e corria com o Branco para apanhar a rolinha que caía após o tiro, às vezes duas ou três. Voltávamos da caça com uma penca de rolinhas, as quais minha mãe depenava e fritava na panela de ferro. O tio Alfredo queria mesmo era caçar com a espingarda preta de dois canos, mas meu pai não a emprestava, porque os cartuchos eram caros demais para serem desperdiçados com passarinhos. Um dia o tio atirou com a espingardinha e o tiro saiu pela culatra – disseram que foi porque ele carregou a arma com excesso de pólvora. Eu me lembro de que ele ficou com o rosto cheio de pintinhas pretas, até no branco dos olhos. A minha mãe receou que o tio Alfredo ficasse cego. Imagine se ela descobrisse que o tio já me tinha permitido dar um tiro com aquela arma.

Eu e o tio Alfredo também tínhamos muitos segredos: o do vermute Cinzano era um deles. O meu pai, quando de manhã cedinho os colonos ordenhavam as vacas, enchia uma caneca de leite pela metade e, antes de tomar, completava com uma bebida contida num litro que era mantido sempre no alto do guarda-louça, tampado com rolha de cortiça. Se havia visita assistindo à ordenha, ele oferecia o leite tépido, espumante, avermelhado com a adição daquela bebida. Eu sentia tanta vontade de provar aquela mistura, que frequentemente sonhava com ela, com o litro em cima do guarda-louça. Nunca mencionei esse meu desejo, mas o tio Alfredo parece que adivinhou os meus pensamentos e trouxe de Olímpia um litro do vermute. Garantiu-me que se tratava do mesmo Cinzano que o meu pai bebia, escondemos o litro na tulha, enterrado num saco de feijão, e, às ocultas, vivíamos a deliciosa traquinagem de tomar vermute com leite recém-tirado de vaca.

***

Certo dia o tio Alfredo foi internado num tal longínquo Campos do Jordão. Ele tinha bichinhos nos pulmões e quem pegava aquela doença precisava ficar muito tempo internado no Campos do Jordão.

Eu achava que devia ser os bichinhos das goiabas que comíamos juntos, por isso nunca mais cheguei perto de uma goiabeira, temeroso de que me mandassem também para o Campos do Jordão.

Só depois de muito tempo o tio Alfredo voltou, casado com uma mulher que fora igualada a ele pelas misérias daquela enfermidade. Ele não havia mudado em nada, continuou meu companheiro no sítio, mas duraram uns poucos meses a permanência do casal em Olímpia, pois o tio Alfredo teve que ser mandado novamente para o Campos do Jordão.

A minha vida no sítio tornou-se muito triste e, como eu já estava com oito anos de idade, passei, como fazia a minha irmã, a ajudar em casa: trazia lenha lá de fora para o fogão, apanhava ovos nos ninhos do galinheiro, joeirava feijão para cozinhar. Com o passar do tempo eu ia recebendo mais tarefas, e uma marcou de modo especial a minha infância: a de vender frangos em Olímpia.

Eu levava um frango e a minha irmã levava dois. Eles eram amarrados pelos pés com palhas de milho e eu podia mudar de mão quando me sentia cansado, enquanto que a minha irmã levava enfiado um em cada braço, e me lembro bem dos vergões arroxeados que a palha torcida fazia nos braços dela. Não demorou para que percebêssemos que num determinado setor da cidade, longe do centro, a gente vendia os frangos com maior facilidade. Nós andávamos por todas as ruas, beirando o rio, na parte alta, nas imediações da Praça da Matriz, mas só naquele canto periférico da cidade é que conseguíamos vender um frango, às vezes os três. Convencidos de que tínhamos encontrado uma mina de ouro, já não andávamos tanto com as pesadas aves: íamos diretamente para lá. Num domingo, na casa dos vovôs, minha irmã andou falando sobre a nossa mina de ouro, e o mundo veio abaixo: nós estávamos vendendo frangos na zona. A vovó recriminou a minha mãe que, por sua vez, nos ameaçou e proibiu que voltássemos à zona. Senti-me invadido por um sentimento de culpa, com aquela sensação vaga de ter cometido uma falta gravíssima, como de uma vez em que joguei querosene numa pilha de madeira de lei e acendi com um fósforo para fazer fogueira de São João. Só que daquela vez o papai me bateu com a guaiaca e não doeu tanto como desta, em que não apanhei, mas o surpreendi falando às gargalhadas de nós e da zona.

A zona passou a me corroer de curiosidade, incendiar a minha imaginação, e passava pela minha cabeça um turbilhão de ideias (Ah! Como senti falta de falar com tio Alfredo!) A proibição feita pela nossa mãe de nada adiantou, porque algumas vezes andando pela cidade inteira sem vender nada, voltamos a circular pela zona, com a promessa que tive de fazer à minha irmã de que manteria o mais absoluto segredo sobre isso. Passei a olhar aquelas casas e aquelas mulheres, com o desejo irreprimível de descobrir o que era uma "zona". As ruas e as casas eram iguais a quaisquer outras, mas, com o tempo, fui formando juízo sobre algumas peculiaridades daquele local. Não adiantava ir para lá muito cedo. Enquanto nas outras bandas da cidade as mulheres logo cedinho ligavam o rádio e abriam as janelas (eu ouvia, da rua, a música: "Melhoral, Melhoral, é melhor e não faz mal"), varriam a calçada e cochichavam entre si por cima do muro, na zona, antes das onze horas, estava tudo fechado, em silêncio. A gente vendia frango, sim, mas tinha que ser bem tarde, debaixo de sol a pino.

Outra diferença que logo percebi era que as mulheres da zona revelavam-se bondosas, sempre carinhosas, tratavam-nos como se fôssemos iguais, comportavam-se como se elas próprias fossem também crianças. Estavam sempre alegres, riam felizes, fumavam com elegância cigarros tirados de carteiras coloridas. As outras mulheres, que não eram da zona, ralhavam com a gente por qualquer besteira, pareciam-se com todas as mães e avós; pitavam cigarros de palha fedorentos, reclamavam que as estávamos enganando, querendo vender a elas frangas. (Não sei por que, só se comia frangos: frangas eram comidas apenas depois que se transformavam em galinhas e, mesmo assim, somente na canja, quando as mulheres ganhavam nenê). As mulheres de fora da zona eram encarquilhadas; as da zona, lisas, bonitas, com os lábios pintados de vermelho, cheirosas de rosa e jasmim. As de fora da zona eram aborrecidas, reclamavam de tudo, que o frango era caro. As da zona pagavam sem reclamar do preço e achavam os frangos bonitos. (Teve uma que não quis comprar um frango branquíssimo, porque ele era muito gracioso, não adiantava comprar se depois "não iria ter coragem de matar o bichinho.")

Nunca soube se aquelas mulheres afáveis possuíam marido, mas, com certeza, não tinham filhos, porque jamais vi uma criança por lá. Entretanto a maior descoberta que fiz sobre as mulheres da zona foi a de que elas eram fracas, delicadas, medrosas como eu. As outras mulheres eram birrentas, xingavam. A minha avó era muito forte, mandava em todo mundo, no meu avô, nos meus tios, no meu pai. A minha mãe também era forte, o meu pai brigava com ela (acho que batia), mas eu sentia que ela era decidida, e quando eu tinha medo procurava a proteção dela. As mulheres da zona, não, eram mansas como o Lambari e, se por ventura fossem morar na casa do sítio, não haveriam de ter coragem de entrar sozinhas no porão escuro, sem o tio Alfredo.

Um dia ouvi alguém dizer que as mulheres da zona eram putas. Isso era um nome feio que não podia ser repetido por crianças. Meu pai falava muito essa palavra, e certa vez, quando uma vaca não queria deixar tirar leite, ele gritou esse nome e bateu na cabeça dela com um pedaço de pau, e o chifre da vaca caiu no chão. Aí, deu bicheira e tinha que ser posto creolina todos os dias; eu via aqueles bichos brancos se esperneando quando meu pai derramava creolina no lugar de onde o chifre havia sido arrancado. Fosse como fosse, aquele nome feio que davam às mulheres da zona não as desdouravam, porque elas todas tinham nomes bonitos: Celeste, Esmeralda, Dolores...

Certa vez fomos convidados a entrar com os frangos numa casa da zona. Não sei se consegui esconder a minha ansiedade, tal era a vontade de conhecer uma daquelas casas por dentro. Ficamos na cozinha, examinei tudo. Não encontrei diferenças de outras casas: fogão de lenha, pia cimentada, talha de barro porejante, guarda-louça, mesa com toalha limpinha bordada. Um pequeno balcão com litros de bebidas trouxe-me à memória o tio Alfredo: primeiro, porque me lembrei de que ouvi certa vez a vovó falar que o tio Alfredo gastava dinheiro com bebidas na zona; segundo, porque reconheci o rótulo do vermute Cinzano. Senti uma grande saudade do meu tio, e não consegui disfarçar. A mulher enxugou as minhas lágrimas e me fez falar sobre o tio Alfredo. Disse-me que também sabia contar histórias, pegou-me pela mão, sentamo-nos na soleira da porta, e ela contou-me a história do Chapeuzinho Vermelho, que não é tão interessante quanto às aventuras do Super-Homem que o tio Alfredo me contava.

Quando voltávamos para casa, sem os frangos, com moedas de duzentos réis que a minha irmã guardava enroladas num lenço, a mamãe nunca perguntava a que parte da cidade tínhamos ido. Acho que ela sabia de tudo, mas, por via das dúvidas, nunca mais mencionamos a palavra zona. E o nome feio, "puta", nem pensar!

Certo dia encontrei a minha mãe chorando e aconcheguei-me quieto ao seu colo, sem nada perguntar, porque ela nunca me dizia por que chorava e eu sempre presumia que era por causa do meu pai. Desta vez, porém, ela explicou-me direitinho o motivo da tristeza: o tio Alfredo fora-se para sempre. Tinha ido para o céu.

Sempre temi que isso mais tarde ou mais cedo fosse acabar acontecendo. Por que o mandaram para o Campos do Jordão? Campos do Jordão era um sumidouro de gente. Nunca confiara nesse monstro famélico, mas naquele momento, além de temer eu também odiei com todas as minhas forças o Campos do Jordão. Queria vê-lo pousado no pé de cajá-manga e abatê-lo com a espingarda cartucheira. O Campos do Jordão engolira o tio Alfredo.

Perguntei à minha mãe se o tio nunca mais iria voltar e ela respondeu que dependia dos desígnios do Papai-do-Céu ele voltar um dia. Voltar para Olímpia ou para algum outro lugar; voltar como homem novamente ou como mulher.

Deixei a mamãe enxugando os olhos com a ponta do avental, fui para debaixo da jabuticabeira para também chorar e fazer a primeira oração espontânea da minha vida. Eu costumava fazer uma prece curta e rápida todas as noites, antes de dormir ("Com Deus me deito, com Deus me levanto, com a Virgem Maria do Espírito Santo"), mas a oração que fiz debaixo da jabuticabeira foi daquelas que a gente só consegue fazer em raros momentos da vida, em estado de graça, aquela que vem do fundo da alma. Na prece, pedi a Deus que se o tio Alfredo um dia voltasse, voltasse igualzinho como ele sempre fora, ou, se não tivesse jeito, se tivesse que vir mulher, que viesse puta.

***

Branco começou a ficar triste e esquisito, babava e não queria alimentar-se. Eu achava que era de saudades do tio Alfredo. Certo dia ele mordeu a mão do meu pai e o deixou furioso. Uma semana depois papai decidiu matá-lo com um tiro de cartucheira, sob a alegação de que Branco estava acometido de raiva. Eu estava refugiado no pé de jabuticaba, chorava desesperadamente e, mesmo tapando com as mãos os ouvidos, ouvi o estampido da arma. Que mal havia em ter raiva de vez em quando? Meu pai vivia com raiva o tempo todo, eu mesmo naquele momento sentia-me com muita raiva.

Meu pai adoeceu e tomava injeções todos os dias. Queixava-se de febre, dor de cabeça, formigamento, coceira nos olhos. Quando já não estava conseguindo mais engolir a comida, levaram-no para Olímpia e ele morreu no hospital. Disseram que a culpa foi do Branco. Eu nunca acreditei que uma simples mordida pudesse ter matado o papai. Quantas vezes o Branco já me havia mordido sem que eu ficasse doente?

***

Após a morte do tio Alfredo e do meu pai, por muito tempo a única coisa agradável que me aconteceu foi uma viagem de jardineira que fiz com a minha mãe e a minha irmã à Votuporanga, onde moravam os meus avós italianos. Ao contrário dos meus avós de Olímpia, eles eram extremamente pobres, mas riam fácil, mostraram-se muito bonzinhos e pareceram-me felizes. Depois disso, nunca mais os vi.

Eu passava a maior parte do tempo deprimido sob a jabuticabeira, até o dia em que o tio Alfredo veio falar comigo. Ele colocou a sua mão sobre a minha cabeça como sempre fizera, e agora tínhamos mais esse segredo: ninguém deveria saber que ele havia voltado. Dizia para que eu me alegrasse, porque o papai estava no céu e um dia também voltaria. Quando eu lhe disse que gostaria que o Branco também voltasse, ele prometeu presentear-me com um filhote branco malhado de preto.

– Eu o quero inteiramente branco.

Ele insistia que malhado de preto era mais bonito.

– Eu quero todo branco!

As nossas relações em nada mudara. Como sempre acontecera, discutimos até que eu venci, cedendo um pouco.

– Certo, meu menino. Será um lindo filhote branco com apenas uma pequena pinta preta escondida debaixo do pescoço. Para você reconhecê-lo se ele se misturar com outros cães brancos.

Como nenhum dos meus tios quisesse assumir a capatazia, o sítio foi colocado à venda, minha irmã foi morar com uns parentes distantes e eu e a minha mãe fomos para São Paulo, onde passamos a ocupar um minúsculo apartamento da periferia, e lá passei os dias mais solitários da minha vida, vendo a minha mãe chorar o tempo inteiro.

De repente, minhas mãos passaram a tremer, o pescoço enrijeceu e senti dor nos músculos tensionados no dorso. Em seguida, experimentei uma paz indescritível que me levou a pensar que havia morrido e estava no Paraíso: com um cãozinho nos braços.

Na véspera do Natal, eu ansiava pela chegada dos meus avôs, na expectativa de ganhar um presente. Eles viriam de trem desde Olímpia, e a ceia sem peru já estava preparada para recebê-los. A mamãe parecia muito abatida naquele primeiro Natal sem o meu pai, e eu a ouvia chorando trancada no banheiro.

Saltitante de alegria abraçado ao filhote, gritei quando ela apareceu enxugando as lágrimas:

– Mamãe, veja o que eu ganhei!

Ela apressou-se em ajeitar os cabelos:
- Que lindo presente! Cadê os vovôs?
- Ainda não chegaram. - Eu beijei o cachorrinho: - Foi um homem que me deu.
- Que homem? - Ela abriu a porta do apartamento e não viu ninguém lá fora. Interrogava-me apreensiva e eu me fazia de mouco, radiante brincando com o animalzinho.

Ela deixou a porta do apartamento entreaberta e desceu para falar com o porteiro.
- Não, dona Laura, eu não me afastei daqui e posso garantir que ninguém subiu.
- Como, ninguém subiu? Alguém acabou de entrar levando um cachorro. Meu Deus! Há um estranho lá em cima, meu filho está sozinho, deixei a porta aberta...

Correu de volta aos gritos pela escada, subiu saltando degraus, seguida pelo porteiro. Os vizinhos acudiram, o prédio foi vasculhado e nenhum estranho foi encontrado.

Mais tarde, quando a paz natalina e a brisa fresca de verão traziam o repicar distantes de sinos, o único ali que não estava triste era eu.
- Vovô, veja como é bonita a pintinha preta que ele tem aqui debaixo do pescoço!

***

Desde que o tio Alfredo me deu o cãozinho, ele passou a aparecer frequentemente para me contar histórias, muitas à noite, quando eu adormecia. As suas aparições eram precedidas por momentos de confusão mental, quando eu me sentia por alguns instantes desorientado, assim como se estivesse perdido em ruelas labirínticas de uma cidade estranha.

Eu frequentava uma escola e a minha mãe havia arranjado emprego numa fábrica de tecidos. Ela estava na loja comprando o material escolar, suprimindo da lista alguns itens que poderiam ser dispensados sem grandes prejuízos. Enquanto ela conferia o indispensável compatível com o dinheirinho que tinha em sua carteira, eu vagava pela loja e vi uma borracha de apagar, bonita, daquelas compridas, de extremidades com cores diferentes. A borracha estava juntamente com outros artigos num balcão com tampa de vidro de deslizar, semiaberta, deixando desprotegida a parte em que se encontravam as borrachas. Sorrateiro meti uma no bolso e aguardei fora da loja a minha mãe, tomado de nervosismo e excitação. Claro que contei a minha façanha ao tio Alfredo, e o resultado foi que tive de voltar à loja para devolver a borracha. Voltei àquele armazém, abri a tampa de vidro para recolocá-la junto das outras borrachas, temeroso de que alguém pudesse surpreender-me no delito.

O episódio da borracha quase me indispôs com o tio Alfredo. Ele discordou duplamente da minha atitude, porque não falei com a minha mãe sobre o furto e porque não tive coragem de pedir desculpas ao dono da loja. As reprimendas duraram muitos dias, em função do meu inconformismo com a tempestade em copo d'água por uma coisa de tão pouco valor. Quanto mais eu argumentava em minha defesa mais o tio contra argumentava. Ele dizia:

"Esquecer um objeto de valor na via pública, voltar no dia seguinte para recuperá-lo e o encontrar intocado, no mesmo lugar, traduz-se por honestidade. Assaltar um banco é tão desonesto quanto comer biscoitos não pagos no interior do supermercado ou levar clipes da repartição pública em que se trabalha."

Enquanto o sermão do tio Alfredo incluía a narração de histórias dos mais famosos roubos ocorridos no mundo, eu, que agora era *boy* num hospital, pensava nos medicamentos, artigos cirúrgicos, e até roupa de cama levados candidamente do hospital por pessoas que talvez tivessem começado a adquirir esses hábitos surripiando sem escrúpulo uma borracha de apagar.

O tio dizia-me que histórias são como rios que levam ao mar, e que ele pretendia fazer-me conhecer o mar. "Continuarei contando histórias para você – ele falou –, mas não tão amenas como as que eram contadas pelos avôs há cem anos, quando os meninos eram bem mais ingênuos que nos dias atuais. Eis a seguir um exemplo de história da carochinha – de um tonto enganado por um espertalhão – que, por certo, não mais agrada a adolescentes como você."

Foi vendida ao simplório uma abóbora que o finório alegava ser "ovo de égua". O pobre sentou-se sobre a abóbora e passou a chocá-la para que viesse a eclodir dela o potrinho. Passado alguns dias, a abóbora estava semi-apodrecida, o tolo cochilava sentado sobre ela, e um camundongo aproximou-se cautelosamente atraído pelo possível alimento. Avistado, o rato fugiu e o pobre correu ao seu encalço gritando: "Cerquem o meu cavalinho! Segurem o meu cavalinho!"

Realmente, não achei graça nessa história boba. Eu ainda estava acabrunhado pelo furto da borracha, talvez por isso o tio procurasse entreter-me com uma história de furto. Essa eu achei emocionante e ficou nitidamente na minha memória pelo desfecho inusitado.

Alugaram uma casa mobiliada no litoral gaúcho para um veraneio de quinze dias.

Todo mundo da vizinhança onde moravam sabia que eles iriam para a praia. O homem se justificava pesaroso com o açougueiro, num misto de orgulho, porque o açougueiro não podia se dar ao luxo de ir: "Nós vamos né, afinal, a gente peleja o ano inteiro... É justo que se desfrute alguns dias na praia." Já o compadre ele desafiava: "Tu deverias ir, tchê! Meio ano de frio, os filhos tiritando, a gente lagarteando no minuano... Tem que se aproveitar o sol de janeiro nas águas do oceano." O compadre justificava-se: "O dinheiro anda curto..." A sogra do compadre lamentava-se: "Eu nunca na vida fui!" Consolavam-na: "Ora, dona Antônia, um dia a senhora haverá de ir."

Chegado o momento tão badalado, tudo era rebuliço de preparativos para a viagem do dia seguinte. Sairiam de madrugada. A Kombi tivera trocados os dois pneus dianteiros carecas por seminovos e estava abarrotada. Uma caixa de papelão era só cuca e pão caseiro, outra estava socada de vidros com ambrosia, papo-de-anjo e chimias de uva, pêssego, morango. No cacho abafado com a lona, as bananas verdolengas estariam de vez em dois dias. Kleidir, o caçula, garantira a boia, escondendo sob a lona dobrada uma câmara de pneu de caminhão que seria inflada no destino. Rex, o cão vira-lata, espreitava o movimento, adivinhando novidades, secando do banho com sabão de soda, já livre das pulgas que foram catadas cuidadosamente.

As gurias ganharam maiôs estampados. O piá mais velho se arranjou com uma calça jeans velha encurtada com tesoura acima dos joelhos. O caçula Kleidir não era estorvo: entraria pelado no mar.

À noitinha dona Antônia apareceu para despedir-se. Repetia o seu queixume: "Quisera um dia ver o oceano, e depois morrer..."

Quando a dona Antônia foi embora, passou a ser assunto.

– Vamos levar a dona Antônia?

– Que é isso! Não tem lugar na Kombi.

– Deixa a lona.

– Não seja burro, guri, a lona é pra armar a barraca.

– Deixa o estepe e leva a dona Antônia!

– Deixa o Rex... – A menina foi interrompida com um cascudo, para calar a boca.

Mas a guria era malcriada: "Ai, pai, doeu! Que é que tem deixar o Rex? Cusco não dá apreço à água salgada de oceano."

O Kleidir era mais atrevido ainda: "Se o Rex ficar eu não vou."

Outro cascudo, desta vez o nó dos dedos do pai fez o moleque correr chorando para o quarto.

A mãe interveio: "Todo mundo pra cama, chega de entrevero!"

Dispersaram-se nos últimos resmungos:

– Que dava, dava, a dona Antônia é magrinha...

– Tudo tem arrumação, é uma questão de querença...

– É, o Kleidir podia ir ao colo...

Exceto o Kleidir, ninguém pregou olhos naquela noite de ansiedade. O galo cantando, partiram... levando a dona Antônia. O Rex ficaria bem aos cuidados do compadre.

Pela estrada os pais proseavam, a mãe passando o chimarrão para o marido dirigindo. A gurizada descascava bergamota, cantando, interrompendo a cantoria quando se tapeavam. Dona Antônia seguia quieta, atentando em tudo lá fora através do vidro embaçado, mal acreditando que iria conhecer o oceano. Já sol quente, pararam num boliche à beira da estrada, para deixar no w.c. as urinas do mate e das bergamotas e porem-se a caminho aliviados.

Chegaram à praia de tardinha na casa de madeira mantida alta meio metro do chão por escoras de cimento, pintada de azul, com portas e janelas encarnadas. A Kombi entrou por uma lateral em que o portão apodrecendo emperrara aberto, e foi estacionada à sombra de um cinamomo. Ninguém quis descarregar as tralhas, nem mesmo conhecer o interior da casa. Correram para o mar, sem esperar pela dona Antônia, que foi atrás, levando nas mãos as alpercatas, por um caminho que serpenteava arenoso pela vegetação baixa e rala.

A quebradeira das ondas frias era suave e espumante, e podia-se adentrar muitos metros sem que a água fria passasse do joelho.

"Não vão muito pra dentro! Cuidem do Kleidir! Devagar guri, se alguém se pisar fica em casa amanhã! Está gostando, dona Antônia?"

Dona Antônia, magérrima, vestindo uma saia preta rodada muito comprida que mal deixava mostrar as canelas secas, permanecia de pé, estática, o olhar fixado no mar: "Nunca pensei que fosse tão grande!"

Ventava no fim de tarde, torciam para que o dia seguinte fosse bem ensolarado, esquecidos de que muitos voltam de veraneio empolados de queimadura. Tiritantes fugiam das ondas mais fortes, de volta para a areia clara, mais escura e lamacenta no fundo de buracos que eles faziam. Semienterravam-se uns aos outros, castelos eram erguidos e feitos desmoronar. O mais rebocado de lama preta era o Kleidir, que poderia parecer estar trajando uma daquelas roupas emborrachadas de mergulhador, não fosse o pequeno apêndice em riste, denunciando que estava vestido como veio ao mundo. O pai percebeu costas e rostos já ruborizados pelo sol poente de janeiro naquela vastidão de praia sem sombras, e reafirmou para si que a lona seria armada no dia seguinte.

Voltaram ao ocaso, mortos de cansados, ninguém ajudando o pai na arrumação das coisas na casa e a mãe na compostura da cozinha. Antes das nove todo mundo estava dormindo, sonhando com o dia seguinte.

Amanhecendo, acordaram recendendo cheiro de marcela dos travesseiros, com sol forte entrando pelas frestas das janelas, o aroma do café impregnando a casa, o pai e a mãe mateando.

"Lave o rosto direito, guria! Quem não comer pão com chimia não vai à praia! Acordem a dona Antônia!"

O Kleidir voltou do quarto da dona Antônia, despreocupado, chupando o dedo que lambuzava no fundo de uma xícara com chimia de uva.

– Chamou a dona Antônia, guri?
– Ela morreu.
– Deixa de ser besta, guri, vai chamar a dona Antônia!
– Já falei, a dona Antônia morreu.

Passado o estarrecimento e muito choro, o pai foi ao centro da cidade, matutando que o dinheiro não era suficiente para comprar o caixão da dona Antônia. O homem da casa funerária propôs um ataúde em liquidação, mas foi logo avisando: "Sem atestado de óbito a polícia rodoviária não deixa o corpo seguir pela estrada."

Acompanhado e assessorado pelo agente funerário, sondou os dois médicos da cidade. Nenhum quis fornecer atestado de óbito: "Não assino, por tratar-se de morte em circunstâncias misteriosas."

Indignou-se:

— O que o doutor quer dizer com "morte misteriosa?" Por acaso acha que a gente matou a dona Antônia?

O agente funerário acompanhava-o: "Com morto em casa e polícia na cola não se brinca, tchê. Melhor avisar o delegado, ele encaminha tudo, em dois ou três dias sai o atestado de óbito, e ninguém se enleia. Mas convém já garantir o caixão. Por esse preço, só se pagar hoje."

Foi ao posto da companhia telefônica ligar para dar a notícia ao pessoal da dona Antônia. Sugeriu ao compadre que os parentes viessem para o velório. Sepultar no litoral mesmo. Não concordaram. Ele insistiu: "Ela gostava tanto do oceano, por certo faria gosto de ser enterrada perto... E o cemitério é tri-legal..."

Do outro lado da linha veio a ordem categórica: "Tragam a dona Antônia!"

Passou o dia inteiro às voltas com o problema que a dona Antônia lhe criara, e com o papa-defuntos atucanando para que comprasse o caixão.

Fumando solitário um palheiro na praça, sentado cismando recostado no bronze do Bento Gonçalves, teve a inspiração que lhe veio do Herói Farroupilha. Voltou às pressas para a casa da praia, sem o caixão. Chamou a mulher a um canto:

— Vou levar a dona Antônia. Enrolada na lona.

Uma hora depois, enorme volume em forma de panqueca recheada estava amarrado em cima da Kombi, estendendo-se por toda a extensão do teto.

— Vamos embora.

— Não, o sol está muito alto.

— Vamos de vez.

– Não, o mormaço não vai fazer bem pra dona Antônia.

Cheia de água quente a garrafa térmica e o mate inchando na cuia, pegaram a estrada, quietos, quando já queria escurecer. Na Kombi o lugar da dona Antônia estava desocupado. Após alguns quilômetros o silêncio foi quebrado:

– Chega mais pra lá, guria, que está apertado!

– Não, é o lugar da dona Antônia! Bote lá o Kleidir.

Já noite, escuro, pararam no boliche à beira da estrada, não por causa de fome, pois que iam se fartando com as chimias que traziam de volta, mas para usar o w.c. Apearam, o pai conferiu se a dona Antônia se mantinha firme, fizeram as suas necessidades, tomaram guaraná, o bolicheiro ofereceu café.

Quando se dirigiam de volta à Kombi, o Kleidir foi o primeiro a perceber: "Cadê a dona Antônia?"

Correram todos para o lado oposto da Kombi, nada no chão, nada nas imediações. A mãe pôs-se a chorar. O Kleidir exclamava: "Levaram a dona Antônia!"

O bolicheiro acudiu: "Que se passa, tchê?"

O Kleidir ia abrindo a boca para falar, o pai deu um safanão no menino, que teria caído de costas, não fosse a mãe amparar.

– É a minha lona, seu! Roubaram a minha lona, novinha!

O bolicheiro mostrou-se indignado:

– Tu podes crer que é coisa de turista que vem de fora do Rio Grande. Tenho que arranjar um cusco que preste. Esse aí – apontou para um cão mirrado que os contemplava com cara de vaca atolada no brejo – só late para espantar quero-quero e abana a cola pra qualquer vivente que aparece.

O boliche já fora palco de muita causalidade, confessava o bodegueiro, mas nunca tinha aparecido gatuno por aquelas bandas. Desculpava-se:

– Estou deveras com vergonha, tchê! – Voltando-se para a mulher que chorava. – E a senhora não se atucane, que ela haverá de aparecer. – Tirou o lápis de trás da orelha – Tu vais me deixar o endereço, se ela aparecer, mando pelo ônibus. Podem seguir na paz de Deus, na certeza de que amanhã bem cedo relato ao delegado.

– Não! Não há precisão de polícia, seu! Não carece... Na verdade, ela não era tão nova assim... Tinha até uns remendos... Foram embora.

Nunca mais se teve notícia da dona Antônia.

***

Eu me sentia exaurido preparando-me para enfrentar o exame vestibular de medicina, trabalhando duro o dia inteiro e estudando até altas horas da noite. Lembrei-me de que certa vez deixei de tirar nota dez numa prova de História porque errei o nome do Tiradentes: até hoje não sei se é José Joaquim ou Joaquim José. Procurei aliviar-me do estresse desabafando-me com o tio Alfredo:

"Por que tenho de reter na memória os afluentes da margem direita do rio Solimões?"

"A par ou ao par? À-toa ou à toa?"

"Por que os insetos colêmbolos são classificados também como parafiléticos?"

"É nas plantas briófitas ou nas pteridófitas, que no ciclo evolutivo o gametófito é a fase duradoura e o esporófito a passageira?"

"Devo conhecer todos os métodos para o cálculo do π?"

O tio Alfredo interrompeu-me:

"Tudo é útil, mas você tem razão, não se pode aprender tudo. Um professor de História deve saber os nomes corretos dos vultos históricos, o escritor tem de dominar completamente o vernáculo, biólogos não podem ter dúvidas quanto aos caracteres diferenciais dos grupos animais. Porém, quando não se é um físico tem-se que consultar a bibliografia especializada para entender o que é uma partícula quântica; alguém que não seja médico provavelmente não saberá o que é homeostase."

E continuou:

"Crianças e adolescentes precisam brincar, necessitam de tempo para o lazer saudável. Mas são sufocados com decorebas inúteis e com conceitos que eles não podem assimilar em toda a sua plenitude e que, portanto, aprendem pela metade. Os programas escolares deveriam ser reduzidos para que as matérias possam ser realmente entendidas. Há que se informar menos para que se aprenda mais. E os estudantes que iniciam um curso superior não estarão com os conhecimentos em descompasso se as universidades não exigirem deles saber coisas de que não necessitam na vida nem sequer na profissão. Quando você for médico terá o dever de ser extremamente competente, sem, necessariamente, entender latim e a teoria da relatividade do Einstein. O seu prazer será o mesmo ao olhar uma obra de arte falsa que os seus olhos não conseguem distinguir da verdadeira."

Em seguida, o tio contou-me uma história que não entendi bem, mas sei que foi para me estimular naquela época que eu estudava intensamente para entrar na faculdade. A história referia-se às dificuldades pela qual passava um candidato a emprego diante de uma prova de interpretação de texto sobre uma árvore de raízes retorcidas. O texto era o seguinte, segundo o tio Alfredo.

Era uma vez um homem que procurava um jatuburil.

Do jatuburil ele fazia todo mundo saber: era uma árvore que expunha raízes retorcidas. A história ele fazia todo mundo conhecer: quem encontrasse um pé de jatuburil, ficaria muito rico. Segredo era como o homem metera essa história de jatuburil na cabeça: a ninguém ele revelava. Livros, botânicos, adivinhos não davam ao homem uma pista do jatuburil, por isso buscava por ele próprio a árvore que mostrava raízes retorcidas.

Viagens infrutíferas? Inúmeras.

Informações falsas fornecidas por malevolentes? Mil seguidas.

Hortos, bosques, florestas? Todos esquadrinhados.

De uma feita, já passados vários anos de buscas, como lhe dissessem que existia uma árvore de raízes retorcidas num local conhecido como gruta dos martírios, viajou para lá e passou um dia inteiro examinando cada árvore das imediações da gruta, sem que encontrasse uma com as tais características.

Tempos depois, "algo" fez despertar nele um irresistível desejo de retornar àquele lugar e conhecer o interior da gruta, o que não fizera anteriormente.

Lá chegando, seguiu um menino da região, que em troca de algumas moedas acompanhava curiosos pelo interior da caverna. Dentro, o guia percebeu que o homem havia parado interessado diante de uma rocha cilindroide cheia de espículas na base fasciculada lembrando raiz em cabeleira.

Divertido com o espanto do homem, o menino aproximou-se e explicou apontando para a rocha com o dedo: "Essa pedra é conhecida como jatuburil."

Interprete o texto acima e assinale em cada uma das questões abaixo a letra correspondente à afirmação que mais se aplica:

1. O homem era:
a. Supersticioso
b. Religioso
c. Ganancioso
d. Maníaco
2. O significado da palavra "algo" que fez despertar no homem um irresistível desejo é: (a,b,c,d)
3. No texto, jatuburil simboliza: (a,b,c,d)
4. Após a descoberta na gruta, é possível deduzir que: (a,b,c,d)

O candidato lia e relia o texto, atônito:
"Que droga é essa? No curso preparatório, nunca falaram em jatuburil. Vou reclamar! Amanhã mesmo! Ah! Meu Pai do Céu! Deixar as quatro questões em branco? Não senhor, não vou fazer isso. Ah! Meu Deus do Céu! Meu futuro depende de quatro "x". Se eu deixar as quatro em branco não passo! Se tascar "x" e errar, me lasco, anulam questões que já acertei. Oh! Meu Deus! Minha vida

em quatro "x". Lembrou-se dos dados estatísticos que o professor do cursinho passou para a turma: 38% das assertivas corretas têm aparecido na letra "d"; 32% na "b"; 23% na "c"; somente 7% tem acontecido na letra "a". Chutar por chutar, pensou, coloco "x" na letra "d" das quatro questões. Não teve coragem. Desistiu. Suava frio, roía a unha do polegar direito. "Como é que foram esquecer-se de ensinar jatuburil pra gente"? Vou chutar! Não, não vou! O pessoal do cursinho falou que um único "x" errado pode ser fatal: dezenas de candidatos passam à frente."

Soou a campainha e a ordem para entregar a prova. Meteu rapidamente "x" nas quatro questões, a esmo, e saiu louco da vida com o cursinho: como é que cobram tão caro as mensalidades e não ensinam jatuburil?

Algumas semanas depois, ele tentava abrir caminho entre o grupo de candidatos, a fim de que pudesse chegar até o mural em que estava afixada a relação dos aprovados. Foram mais de quatrocentos candidatos para preenchimento de trinta vagas. Carcomia a ponta do polegar – não tinha mais unha para roer. Os que estavam aglomerados mais próximos da lista faziam deslizar a ponta do dedo indicador sobre os nomes em ordem de classificação dos aprovados, e se voltavam para ir embora com cara de desencanto. Ele tentava o acesso à lista, mas uma mulher estava cobrindo a sua visão, cabelo emaranhado no alto da cabeça, demorando-se ali, olhando para o quadro mural, sem arredar pé. Ele se impacientou: "Dá licença!" E afastou-a para o lado à cotoveladas. Já estava dando para ler os nomes impressos. Quase no fim da lista, ele leu Theobaldo Feitosa de Albuquerque. Empurrou os que estavam à sua direita e à sua esquerda e confirmou com os olhos na ponta do dedo: havia sido aprovado. Estava ali: Theobaldo, com "th" e tudo.

Saiu em disparada, esquecendo-se de verificar se o colega Acelino havia sido também aprovado. Quando passava correndo pela banca de revistas, viu um cartão postal. Lambeu um selo, colou-o e, ali mesmo, preencheu o cartão, com as mãos trêmulas de emoção:

> My Love.
> Passei no concurso que te falei.
> Agora podemos casar-se.
> Eu lhe amo.
> Théo.

***

Quando comecei o curso de medicina, julgava-me já médico e orgulhosamente passava para o tio Alfredo os meus conhecimentos de anatomia, fisiologia e mesmo sobre doenças das quais eu mal ouvira falar. Comecei a menosprezar outras profissões e até especialidades médicas que eu achava inferiores a que eu pretendia seguir.

Por que o tio percebeu a minha arrogância, contou-me a história que intitulou de "síndrome do estetoscópio", versando sobre o curso de medicina veterinária, obviamente para não referir-se diretamente ao curso que eu estava fazendo.

Na clínica, a menina observa o veterinário na palpação do gatinho e suspira: "Quando eu crescer, vou ser veterinária."

O irmão percorre com o olhar a parede com quadro de animais: "Doutor, não dá para criar cão rottweiler em apartamento?"

Em casa, o pai aproveita o momento em que o filho adolescente está diante do computador e arrisca: "Informática é uma área promissora como profissão..."

"Vou ser veterinário! Só assim poderei ter rottweillers no meu apartamento."

A mãe mostra à filha um livro do Jung: "Psicologia pode ser uma boa...".

"Vou ser veterinária! O canário não teria morrido se eu fosse veterinária."

Quando o rapaz, já estudante de veterinária, volta da aula, o pai aproveita o encontro na hora do almoço para estimular o futuro doutor dos bichos. "Será que o temperamento do cão doberman..."

"Pai, estou estudando clonagem de embriões e transferência de material genéticos em bubalinos."

O pai sente-se um idiota. Cala-se.

A mãe tenta dar uma força à também já estudante de veterinária: "Minha filha, é verdade que ocorre frequentemente raquitismo em gatos?"

"Mãe, eu briguei com o meu namorado por causa desse papo. Tem que acabar esse estereótipo rotulando o veterinário como médico de bichinhos. Estou estudando os aspectos econômicos da encefalopatia espongiforme bovina e a sua importância em vigilância epidemiológica."

A mãe aquietou-se com a boca aberta.

"Assim vai se completando uma metamorfose", continuou o tio Alfredo. "É a transformação da visão romântica, da imaginação lírica e do predomínio da sensibilidade, para dar lugar à razão e à realidade, estas muito menos coloridas. O estudante de veterinária vai sendo acometido pela síndrome do estetoscópio, um agregado de sinais e sintomas que se manifesta num processo mórbido cujo quadro clínico estará muito bem definido antes mesmo da colação de grau. A síndrome do estetoscópio não é específica de estudante de veterinária, são poucos os estudantes de qualquer área que estão imunes a ela. Mas, continuando com o aluno de veterinária, ele sente-se frustrado no primeiro ano do curso, porque não lhe é permitido usar o estetoscópio: é o período de contágio. Numa segunda fase, ele carrega orgulhosamente o estetoscópio pendurado ao pescoço: é o período de incubação. No fim do curso, o estetoscópio passa a ser mantido oculto no bolso do jaleco: é o aparecimento dos primeiros sintomas. A doença se estabelece completamente quando o veterinário passa a gostar de ser lembrado como o sustentáculo da produção animal. O discurso político acrescenta à produção de alimentos a importância do veterinário na saúde pública."

"A síndrome do estetoscópio tem a sua razão. Se veterinário é conhecido exclusivamente como médico de cães e gatos, a classe não vê reconhecida a importância do seu desempenho noutras funções sociais. Mas não se pode negar que, estando o homem condenado cada vez mais à vida urbana, isolado do habitat animal, é um alento a possibilidade do convívio com animais de estimação. Desde a Antiguidade, o cão e o gato são conhecidos como animais domésticos e mesmo um conceito cartesiano reducionista que avalia a necessidade de alimentar centenas de milhões de cães e gatos num mundo de populações humanas famintas, não impede que uma visão holística de qualidade de vida nos faça crer que a substituição de animais amigos por mais comida viria tornar as pessoas mais felizes. Pobres têm animais de estimação em casa. O sem-teto, morador de rua, costuma fazer-se acompanhar de um cão."

"Os ricos que adquirem um animal de estimação não o fazem em decorrência de pressões consumistas, mas para atender a um apelo de ordem sentimental que permite a eles canalizar com menores sofrimentos as suas emoções. É algo semelhante à religiosidade, que o cientificismo materialista chama de ópio, sem explicar o poder lenitivo da fé nos momentos de solidão e desespero."

"A missão do clínico veterinário – de pequenos ou grandes animais – é fazer com que a interação homem/animal doméstico se mantenha em equilíbrio saudável para ambos, não só do ponto de vista de higidez no sentido clássico – livre de zoonoses e doenças advindas de promiscuidade –, mas também dentro de condições que facilitem às pessoas a busca da saúde mental e social, a fim de que elas possam estar em sincronia consigo mesmas e também com o mundo circundante na conquista de um estado de saúde que ultrapasse a dimensão puramente biológica estabelecida pelo modelo acadêmico. Dentro de uma ampliação do conceito de saúde, não cabe um homem sub-diafragmático, mas um ser espiritual que ama também os animais e clama pela valorização desses seus sentimentos. Portanto, várias profissões, e não somente a medicina, têm por fim a prevenção, o alívio e a cura dos males físicos e mentais que acometem o homem."

E o tio finalizou: "Hoje já está muito tarde, mas voltaremos a falar de profissões que você não conhece, e da real missão do médico, seja qual for a sua especialidade".

Vesti a carapuça, despedimo-nos e eu passei a noite refletindo, prometendo a eu mesmo dominar o sentimento de menosprezo a profissionais de outras áreas.

***

Quando me formei em medicina, a nossa turma já tinha arrecadado dinheiro suficiente para comemorar em Nova York. Antes de partir, falando com o tio Alfredo, penitenciei-me de não ter seguido o seu conselho para estudar Inglês quando tive oportunidade. Durante o meu curso tive muita dificuldade em traduzir os artigos médicos em Inglês, e, agora, por não ter mais que noções básicas do idioma, não aproveitaria a oportunidade para treinar uma prosa fluente nos Estados Unidos. O tio confortou-me repetindo que não se pode saber tudo e que eu era um vitorioso com que o já aprendera. Então contou-me a história do Nicolau.

"Take me to hotel not very expensive."

– Que é isso?

– "Leve-me para um hotel não muito caro". Estou treinando para falar com o motorista de táxi em Nova York.

Ultimavam os preparativos para a grande aventura: a primeira viagem deles ao exterior. Desde o ano anterior, quando passaram as férias em Porto Seguro, já havia ficado decidido que as próximas seriam em Nova York.

Nicolau era um nordestino que vivia com a família em Brasília há dois anos. Vieram acompanhando o eleito senador conterrâneo, que dera um jeitinho para que eles ocupassem provisoriamente um apartamento funcional de quatro quartos, e viviam nesse imóvel da União, sem muita disposição de saírem. Ganhando bem como assessor no Senado da República, sem pagar aluguel, Nicolau economizou dólares para a viagem.

Inicialmente pensou em comprar um pacote turístico, desses com guia, traslado do aeroporto para o hotel e city tour incluídos, mas o senador convenceu-o de que seria melhor ir por conta própria, exercitar o seu inglês: "Num grupo de brasileiros, com guia falando português, vocês nem gozarão da sensação de estar nos Estados Unidos –, dissera o senador – e não aprenderão inglês."

A mulher do Nicolau comprou um "Inglês para Viagem" e já decorara quatro páginas, especificamente aquelas para se fazer entender pelos vendedores nas lojas (I want that of the shop-window; Please, how much this cut diamond?). Ela não se considerava tão mal no idioma, até havia obtido uma boa nota na prova de Inglês do exame vestibular para o curso de computação, embora não tivesse sido aprovada. "Faça informática – aconselhara-lhe o senador –, se aprender a digitar, o emprego eu garanto."

O casal de filhos estava estudando num bom colégio, recomendado pelo senador, e estavam indo bem, inclusive com bom desempenho em Inglês.

O Inglês do Nicolau tinha que ser aperfeiçoado, ele reconhecia, mas juntando o que já aprendera com cada pouco que sabiam os outros três membros da família daria para se fazer entender em Nova York. E, quem sabe, voltar falando fluentemente o idioma após os dez dias que passariam lá. Afinal, a esposa conhecia todas aquelas palavras no computador, o filho cantava no banheiro canções americanas inteirinhas, e a menina pronunciava sem accent o nome dos principais astros conhecidos de Hollywood.

Embarcaram pela companhia aérea indicada pelo senador. De bagagem, bolsas pequenas carregadas cada uma por um membro da família, e apenas uma mala grande, porque o senador aconselhara a não levar muita roupa: "Comprem tudo lá, que a cotação do dólar está favorável!"

Decolar naquele baita avião foi pura emoção. Durante as horas de voo cada qual fazia reflexões sonolentas sobre as delícias nova-iorquinas. Nicolau pensava orgulhoso na sua missão de guia turístico da família e na responsabilidade de explicar tudo direitinho: Time Square, Empire State, big apple... De vez em quando tirava o mapa da sacola para reavivar a memória: Manhattan, Brooklin, Bronx... Temia pela segurança da família naquela imensidão de cidade, mas só em relação à possibilidade de alguém se extraviar, por isso há meses vinha repetindo: "Não vão se perder!" Mas o que o deixava ansiado cada vez mais à medida que o avião se aproximava da costa leste dos Estados Unidos era como se sairia comunicando-se em inglês, e repetia mentalmente para o motorista: "Take me to hotel not very expensive". A mulher, de olhos fechados, mantinha-se concentrada nas lojas que deveria conhecer. "Ir à Nova York e não comprar na Tyffany's é o mesmo que ir a Roma e não ver o Papa", dissera-lhe a esposa do senador. Tão absorta estava nos seus projetos consumistas, que nem percebeu a gafe linguística que cometeu quando a aeromoça lhe pediu para apertar o cinto: agradeceu com um "how much". A menina, por sua vez, suspirava com a possibilidade de ganhar um beijo de algum astro do cinema; com um pouco de sorte poderia topar com o Leonardo Di Caprio em alguma esquina. "Leonardo, I love you!" Não! Isso soaria muito íntimo. Pensou numa frase mais adequada e chamou o pai com um cutucão: "Pai, como é que se fala "Eu sou brasileira e acho você lindo"?" O menino, o único que conciliou o sono, tinha o sonho povoado de heróis do cinema americano, e era conduzido nos braços do Homem-Aranha, de quem já se tornara um amigão, num giro pelas paredes dos arranha-céus de Nova York.

Chegaram à noite. Enquanto o motorista acondicionava a bagagem no porta-malas, as crianças ficavam de empurra-empurra disputando o lugar na janela. Nicolau teve uma grande decepção quando finalmente pôde utilizar, com a mais absoluta clareza, o seu "Take me to hotel not very expensive".

– Vocês são brasileiros? Que prazer arretado!

O motorista era um cearense.

Entrecortando muito papo sobre política e futebol, o cearense prometia que os levaria a um dos melhores hotéis da cidade, que não era "very expensive". Durante o trajeto Nicolau não conseguia desfrutar a vista noturna nova-iorquina, porque tinha que responder às perguntas do brasileiro de Qixadá, que não parava de falar: "E o Severino, heim? Quem diria, presidente da Câmara! E agora o Lula no Palácio. Só falta o Fortaleza ser campeão brasileiro pro Nordeste tomar conta de vez."

Na recepção do hotel o Nicolau, tenso, começou a constatar que não era tão fácil entender o inglês falado atropeladamente por aqueles gringos, e só não chamou o cearense para servir de intérprete, porque o táxi já havia partido. Pelo menos entendeu o que estava escrito no cartão-chave: room 804. O boy fez sinal para que o acompanhassem.

De repente a mulher exclamou:

– Cadê a mala grande?

Outra exclamação:

– Ficou no táxi!

Uma sentença:

– Não! Tenho certeza que não veio no táxi. Ficou no aeroporto!

Nicolau sentiu as mãos geladas e o suor escorrer de debaixo dos braços, como sempre acontecia quando entrava em pânico.

– Subam para o quarto! Direto para o quarto! Vou voltar ao aeroporto! Pelo amor de Deus, não vão se perder!

– Pai, depois eu vou descer para andar um pouco...

– Menina endemoninhada! Já disse pra subir! Subam com a sua mãe para o apartamento, e não me saiam de lá! Não vão se perder!

Pula-se a parte em que o Nicolau encontrou a mala e a dificuldade que teve para convencer o funcionário do aeroporto de que ela lhe pertencia. É suficiente saber que ele achou a mala... e relevante dizer que ele perdeu o hotel. Isso mesmo, o Nicolau perdeu o hotel.

Somente no momento em que embarcou no táxi a fim de voltar para a família é que ele se deu conta de que não sabia em que hotel estava hospedado.

– Take me to hotel... take me to... – Sentiu as mãos gelarem e o suor nas axilas começando a escorrer.

O guarda apitou mandando o táxi partir. O motorista fez arrancar o carro levando um Nicolau em desespero que, passado o estarrecimento, bateu no ombro do motorista:

– Leve-me de volta para o aeroporto! Please! Back! Back!

De volta ao aeroporto perguntou ao espantado motorista do seu táxi se ele conhecia um colega cearense, mas o homem limitou-se a ordenar-lhe que desembarcasse imediatamente, sob impropérios em inglês fluente. E quando descarregou a mala o fez meio que atirando-a no chão.

O Nicolau saiu arrastando a pesada mala sem rodinhas ao longo de uma fila de táxis estacionados, perguntando se alguém conhecia um cearense motorista de táxi.

– Taxi driver cearense! Taxi driver cearense! – exclamava aflito.

– What?

– Please, taxi driver cearense, de Qixadá!

Sem encontrar o motorista brasileiro, dirigiu-se a uma cabina telefônica e com muita dificuldade completou a ligação para o Brasil, sentindo-se confortado quando ouviu a voz do senador: "Calma Nicolau! O quê? A essa hora da noite? Não, não é caso para o cônsul resolver. Não, não se trata de um incidente internacional. Não, não meta o Itamarati nessa história. Vá a uma delegacia, a polícia de Nova York é muito eficiente. Boa noite! Um beijo nas crianças!" E desligou.

Nicolau colocou o telefone no gancho, rezingando:
– Um beijo nas crianças!... Quando eu mais preciso dele, manda-me beijar as crianças! – Deu furioso um chute na porta da cabina e gritou para todos ouvirem: – Senador, eu não sei onde estão as crianças!

Estava sentindo-se exausto, com dor de cabeça, cheirando a ar condicionado de avião, com raiva da mala, com raiva de motorista de táxi, com raiva do senador, com raiva de Nova York. Entrou num táxi e ordenou que fosse levado a um hotel qualquer. Any hotel!

O táxi o deixou no Sheridan. Ele teve o cuidado de olhar bem o letreiro de néon iluminado: Sheridan Hotel. Deram-lhe o apartamento 904, mas ele não subiu, deixou que levassem a mala para o apartamento e saiu para a delegacia, não sem antes pedir um cartão do hotel e, por maior precaução ainda, apanhou de sobre o balcão um folder que continha o mapa com a localização do Sheridan assinalada. Fez sinal para um táxi e antes de embarcar teve também o cuidado de olhar para trás e atentar para os detalhes da fachada do hotel, para os leões de pedra em cada lado da entrada, três degraus de mármore, placa de bronze. Esperto, nunca mais iria perder hotel em Nova York.
– Take me to policia!

Na delegacia, apesar de ser madrugada fria, a movimentação era intensa: gente que entrava e saía, gente esperando, gente que falava em voz alta, os telefones chamando. Foi rapidamente atendido, mas não conseguia fazer-se entender, que entendessem a sua real situação. Depois de muito desencontro idiomático, mandaram que ele se sentasse num banco de madeira envernizada encardido e que aguardasse. Estava quase resolvido a reclamar da demora, quando uma policial apareceu dirigindo-se em sua direção.

– O senhor é o brasileiro que está perdido?

– Graças a Deus! A senhora é brasileira?

– Sou porto-riquenha, meu nome é Manuela.

Ele explicou tudo e, pela primeira vez durante toda a sua longa vida em Nova York, sentiu-se um pouco relaxado. A policial garantiu que não seria difícil localizar o hotel em que ele se hospedara com a família. Ela anotou o seu nome e o número do seu quarto no Hotel Sheridan, mandou-o embora e prometeu ligar para ele antes do amanhecer.

De volta ao Sheridan, subiu ao nono andar, dirigiu-se ao quarto 904, constatou que a mala já estava lá, desejou ardentemente um banho quente, mas temia não ouvir a campainha do telefone enquanto estivesse debaixo da ducha. Resistia a deitar-se na cama, sequer sentar-se. Andava de um lado para outro no pequeno espaço disponível para se locomover no apartamento.

O telefone tocou.

– Hello, é o Nicolau!

Do outro lado da linha estava a Manuela, com a informação que ele tão ansiosamente esperava.

– Mister Nicolau, o senhor está hospedado no Sheridan Hotel.

– Claro que estou hospedado no Hotel Sheridan, isso eu já sei, pô!

– O senhor está hospedado no Sheridan Hotel, apartamento 804.

– Estou hospedado no apartamento 904!

– Não, Mister Nicolau: 804, eight-zero-four.

– Caralho! Ai, meu Padre Cícero! Pois eu lhe digo, dona Manuela, estou hospedado no 904! Neste exato momento estou falando com a senhora de um telefone instalado no apartamento 904 do Hotel Sheridan: nine-zero-four!

– O senhor hospedou-se com a sua família, ontem à noite, Mister Nicolau, no Sheridan Hotel, apartamento 804, eight-zero-four.

– Como?...

– Mister Nicolau, basta descer um andar e o senhor encontrará a sua família... No apartamento 804.

– Como?...
– Basta descer um andar...
– Como?...
– Como o senhor preferir, carajo! Pela escada ou utilizando o elevador. – E desligou.

***

No dia do embarque da nossa turma para Nova York, o tio Alfredo acompanhou-me até o aeroporto. Era naqueles primeiros meses pós-atentado terrorista às torres gêmeas, e os Estados Unidos haviam intensificado a fiscalização das pessoas que entravam no país. Falava-se de suspeições injustificadas e até de turistas presos ao desembarcarem em território americano. Enquanto esperava a hora do voo, manifestei ao tio Alfredo o meu inconformismo a respeito desses procedimentos a meu ver abusivos. Ele disse que leis de exceção às vezes são necessárias, e que devemos nos acautelar quanto às falhas da justiça dos homens. E contou-me mais uma história.

Conheceram a dona Ana no aeroporto de Brasília. Portuguesa de 78 anos, aparentava menos idade, aquele tipo afável que desperta nos interlocutores imediata empatia. Ela encontrava-se atrás deles na fila do check in para o voo com destino ao Rio de Janeiro e ali mesmo, pouco mais de cinco minutos foram suficientes para passarem a se divertir com a espirituosa tagarelice da alegre matrona. Despacharam as malas e esperaram pela dona Ana, que levava apenas bagagem de mão, um pacote pardo de forma oblonga, uns quarenta centímetros de comprimento, grosso, amarrado fortemente com cordão, lembrando uma daquelas mortadelas que se vê suspensas nos supermercados. Dona Ana os acompanhou à lanchonete e os três tomaram café com leite e comeram pão de queijo. Apresentaram-se: ele, Tancredo Rocha Lima; a esposa, Florinda; a dona Ana, lisboeta radicada no Brasil há mais de cinquenta anos, mas com cidadania portuguesa também. Entre um pão de queijo e outro, descobriram que os três iam para Lisboa. Enquanto o casal seguiria naquele mesmo dia, fazendo conexão com voo internacional no Galeão, a dona Ana, no dia seguinte, acompanhada da filha que morava no Rio.

No aeroporto do Rio, surgiram às gargalhadas, já muito familiarizados com as tiradas espirituosas da dona Ana. A velhinha, que mantinha o pacote firmemente debaixo do braço, adiantou-se em direção à saída, à procura da filha, prometendo que voltaria em seguida, pois fazia questão de apresentar a filha aos novos amigos. O casal Rocha Lima entrou na livraria, e de lá Florinda viu a portuguesa parecendo meio perdida na lufa-lufa do saguão do aeroporto, acompanhada de um homem. Mas foi só a Florinda que a viu, por alguns instantes, e como a velha em seguida desapareceu, esqueceram-na, procurando que estavam algo para leitura.

Meia hora depois, eles estavam sentados na sala de espera, folheando revistas, quando a dona Ana apareceu, sozinha, chorando. A filha havia sofrido um acidente e fora hospitalizada. A dona Ana não embarcaria no dia seguinte para Lisboa, nem na próxima semana. Sabe Deus quando, choramingava. Nem parecia aquela pessoa resplandecente de alegria de pouco antes. O casal Rocha Lima, procurava consolá-la de algum modo, e ela pediu a eles que levassem o pacote para a neta em Lisboa.

Dona Florinda ponderou:

– Mas dona Ana, nós nem conhecemos Lisboa, como é que iríamos entregar a encomenda para a sua neta?

– Ela pega na chegada em Portugal, no aeroporto. Ai, meus filhos, façam-me esse favor!

– Como a sua neta iria nos reconhecer no aeroporto?

A portuguesa foi determinada:

– Deixem comigo, telefono para Lisboa agora mesmo, faço uma descrição de vocês – enxugou uma lágrima e insistiu em persuadi-los. – Não se preocupem, faço uma descrição detalhada. – Forçou um sorriso: – Sou boa nisso!

A Florinda beliscou disfarçadamente o braço do esposo.

— Não dá, Tancredo! Como é que você vai assegurar-se de que estará entregando o pacote à pessoa certa?

Ele ia falar alguma coisa, mas a dona Ana se antecipou:

— Uma senha! Vocês entregarão o pacote a alguém que lhes dirá: "Oh! Amigos da dona Ana, bem vindos à terra lusitana!"

Tancredo conteve uma gargalhada e apanhou decidido o pacote das mãos dela.

Recebeu outro beliscão da esposa, agora na barriga, mais forte.

— Tancredo, a dona Ana poderá despachar... Chega rápido, no endereço da neta...

Ele fez um sinal com a mão espalmada para a esposa acalmar-se, já decidido. Providenciou para que o pacote seguisse juntamente com a bagagem deles. Anotou num papel o número do tíquete correspondente ao pacote da dona Ana e o entregou a ela.

— 04328, dona Ana. Passe esse número para a sua neta em Lisboa e faça uma descrição de nós para ela. Entregarei o pacote a quem me procurar e mencionar 04328.

Tão logo se despediram da velhinha em prantos, Florinda censurou o marido.

— Tancredo, isso não se faz, não se viaja conduzindo encomenda de estranhos. Quanta coisa tem sido noticiada, inclusive envolvendo pessoas aparentemente respeitáveis...

— Você está insinuando que a dona Ana pode ser uma traficante de drogas? Que eu, seu estúpido marido, está sendo usado como mula? Meu Deus, Florinda, você tem visto muito filme policial ultimamente!

— Tancredo, você nem ao menos sabe o que tem naquele pacote...

— Cocaína! — Ele estava ficando irritado com a esposa.

— Tancredo, eu observei que ela estava acompanhada de um homem...

– De alguém que veio apanhá-la no aeroporto, já que a filha está hospitalizada... O genro, sei lá.

Tinham ainda meia hora para aguardar e passaram esse tempo sem abrir as revistas que haviam comprado, discutindo o pacote pardo da dona Ana. Quem os via sentados nas cadeiras do saguão pensava que brigavam sussurrando, tais eram as gesticulações da Florinda empenhada em convencer o marido de que ele cometera um erro. A viagem a Portugal era um presente que se estavam dando em comemoração das bodas de prata, e Tancredo não queria anuviar aqueles seus momento felizes, mas começou a pensar seriamente sobre a situação. A Florinda geralmente acertava, possuía aguçada intuição, uma espécie de sexto sentido. Convencido de que fizera uma bobagem, mais que isso, preocupado com as possíveis consequências do seu ato espontâneo de benevolência, pensou em recuperar o pacote, devolvê-lo à dona Ana. Como isso não era possível, procurou sossegar a esposa com brincadeiras sobre a possibilidade de serem acusados de tráfico de drogas. Florinda não achava graça, e ele também perdeu a graça quando ela lhe falou baixinho:

– À sua esquerda, de pé, com o jornal, perto do balcão da TAP... Estamos sendo observados...

Ele aguardou uns segundos, virou lentamente a cabeça e localizou o homem a quem a esposa se referia.

– Não seja tola, Florinda! O cara nem está olhando para cá. – Olhou novamente, agora o homem estava dobrando o jornal. – Você está achando que pode ser o mesmo que você viu acompanhando a dona Ana?

– Eu estava pensando nisso... Acho que sim... Não tenho certeza...

Ficaram alguns momentos em silêncio. A mulher observou a intumescência intermitente em ambas as maçãs do rosto do marido; era o tique nervoso de trincar os dentes. Aparecia sempre que ele ficava muito preocupado.

– Vou resolver isso de uma vez por todas – ele disse levantando-se. Ela o segurou pelo braço e olhou na direção do balcão da TAP:

– Você vai falar com o homem? Não faça isso! Foi uma mera suposição... Devo estar enganada... Ele nem está mais lá.

– Não, é isso. Acalme-se! Espere-me aqui!

Ele percorreu com o olhar toda a extensão dos balcões das companhias aéreas até avistar um ponto em que ninguém estava sendo atendido, onde apenas havia uma funcionária atenta diante de um monitor de vídeo. Caminhou naquela direção e dirigiu-se à funcionária, falando baixinho:

– Senhorita, é importante! Finja que está fazendo um atendimento de rotina e preste atenção!

– Não entendi, senhor! Em que posso ajudá-lo?

– Por favor, não demonstre espanto e ouça o que vou lhe dizer. Recebi um pacote suspeito, para ser entregue em Lisboa. É a bagagem que leva o número 04328. – Disse ainda à funcionária o seu nome, o número do voo. – Por favor, verifiquem o conteúdo. Anotou o número da bagagem? 04328! 04328!

A funcionária fitava-o sem entender.

– Olhe para a tela do monitor, moça! E não faça nada enquanto eu não me afastar... Podemos estar sendo observados... Aja com naturalidade...

Voltou para a esposa, relaxado, satisfeito, deixando para trás uma aeroviária boquiaberta.

– Tudo resolvido, Florinda! A dona Ana que nos perdoe, mas o pacote será examinado. Constrangedor, mas não devemos correr riscos.

Passaram pelos raios X, aliviados da preocupação, porém na expectativa de serem abordados a qualquer momento pela polícia. O que não aconteceu.

Durante a decolagem trocaram algumas palavras sobre o pacote e logo ela reclinou a poltrona e adormeceu. Ele também fechou os olhos, mas não dormia. Pensava na possibilidade de serem interceptados pela polícia no desembarque em Lisboa. Polícia de Portugal ou algum policial brasileiro? Interpol? Ocupava poltrona do corredor, por isso não resistiu a dar uma olhadela para trás, uma examinada rápida em alguns rostos, todos sonolentos, nenhum aparentava estar atento aos seus movimentos, estar à espreita. Será que um policial embarcou com a missão de acompanhá-los até Lisboa? Exagero! Basta um fax, um telefonema para que as providências sejam tomadas no destino. Sei lá, pensou, não entendo de ação policial, o problema não é meu, é deles, da polícia. Imaginou que ele e a Florinda seriam chamados discretamente a uma sala reservada ("Desculpem, madama, cavalheiro! Queiram nos acompanhar!"), onde o pacote seria aberto, e, dentro dele, um pijama bordado, um trabalho de crochê, um pulôver tricotado pelas mãos da dona Ana. Enrubesceu já sentindo a vergonha. ("Sinto muito, senhor policial, mas... na dúvida!..."). Olhou para a esposa que dormia e ensaiou o que diria a ela na presença da polícia: "Veja, Florinda, a sua desconfiança descabida, o ridículo por que você me faz passar diante desses senhores!" E se o pacote escondesse algo criminoso? Até que não seria mal. ("Muito obrigado, cidadão, por ter colaborado com a polícia! O Brasil e Portugal agradecem!"). No canto dos lábios apareceu um sorriso traduzindo a esperança de que, com um pouco de sorte, apareceria no Jornal Nacional. Quando voltasse, ao narrar aos amigos as suas impressões da viagem a Portugal, poderia acrescentar a aventura policialesca. "Chocante!".

– O quê? – perguntou a esposa que despertara. – O que você disse?

– Nada!

Quando começaram os procedimentos de aterrissagem no aeroporto de Lisboa ele foi sendo tomado por uma crescente ansiedade. Não era a mesma ansiedade serena estampada no rosto da Florinda, emoção de estar prestes a pisar solo europeu pela primeira vez. A dele era de uma angustiante expectativa: a do confronto com a verdade, com a polícia, com o desvendamento de um mistério. A Florinda até parecia haver-se esquecido do pacote pardo da dona Ana, mas ele, não, nesses aspectos a sagacidade masculina é maior que a feminina, ele tinha plena consciência da gravidade da denúncia que fizera, do que os esperava no desembarque.

O seu estado de tensão emocional atingiu a tal ponto de não permitir curtir os primeiros ares portugueses. Caminhavam com os demais passageiros pelos corredores, ele sem notar o aeroporto, sua atenção estava voltada para cada pessoa que avistava no trajeto. "É agora! Ali está a polícia!" A intumescência malar descontínua nele era bem visível. Florinda corria o olhar embevecida pelos arredores, examinava uns bonitos painéis. Ele via policial em todas as pessoas, em cada canto. Ouvia o ranger dos próprios dentes.

A esteira começou a movimentar-se e as malas deles foram umas das primeiras a aparecer. Ele retirou a bagagem da esteira e adivinhou: "O pacote não viria, ficara retido pela polícia." Enquanto malas e volumes de todas as formas desfilavam à frente deles, ele baixou a cabeça para aproximar os lábios do ouvido da esposa, e falou:

– Será perda de tempo esperar pelo pacote...

– Não entendi!

O pacote acabara de surgir na boca do túnel, pardo, amarrado à mortadela, intacto, sem sinais de violação.

– O que você disse, Tancredo?

– Esqueça!

Empurrando o carrinho entraram na fila do serviço de alfândega. Uma mulher de uniforme olhou para o Tancredo e ele fixou nela um olhar tão insistente, quase de súplica, que a funcionária do aeroporto (que ele acreditava ser policial) desviou as vistas para o outro lado, desconcertada. Procedimentos de rotina, conferência de tíquetes de bagagem, passaportes, tudo em ordem, passaram sem incidentes ele, ela, as malas... e o pacote da dona Ana.

Liberados, o Tancredo, com certo sentimento de decepção, já nem pensava mais em polícia, esperava a aproximação da neta da dona Ana ou de alguém mandado por ela. Ficaram ali parados entre gente se abraçando, e ele aguardando livrar-se finalmente do pacote. Ninguém apareceu para dizer 04328. A Florinda pendeu a cabeça para o ombro dele e sussurrou:

– Tancredo, estamos sendo observados... Aquele homem de terno cinza...

– Florinda, meu Deus! Pare! Isso está se tornando patológico!

Ela ia insistir, quando alguém virou para eles um cartaz com a inscrição TANCREDO ROCHA LIMA.

Tancredo avançou com a mão estendida.

– Senhor Souza? Somos o casal Rocha Lima, do Brasil.

A agência de turismo em Brasília contratara o motorista Antonio Duarte de Souza, que seria o cicerone dos Rocha Lima durante a semana que passariam em Portugal.

Estavam acompanhando o motorista Souza, quando a Florinda lembrou:

– E a neta da dona Ana? O pacote...

Tancredo pegou o pacote do carrinho:

– Florinda, estou por aqui, com este pacote – passou a ponta do dedo indicador debaixo do queixo, demonstrando que a sua paciência chegara ao limite. – Senhor Souza, onde fica o guarda-volumes? Por favor, aguarde aqui com a minha mulher. Já volto.

Quando voltou sem o pacote da dona Ana, a esposa perguntou:

– O pacote vai ficar? E a neta?...

– Não sei e não quero pensar mais em pacote, quero que você também o esqueça. Estamos em Lisboa, viva Portugal! – Colocou a mão no ombro do motorista português. – Vamos, senhor Souza?

Passaram dias felizes em Portugal: Mosteiro dos Jerônimos, Torre de Belém, Bairro de Alfama, jantar em casa de fado. Visitaram o Santuário de Fátima, Évora, Coimbra, e o motorista lamentando que uma semana era muito pouco para mostrar a sua terra. Um único momento de apreensão, mas apenas um instante rapidamente esquecido, foi quando estavam num palácio e a Florinda pensou ter visto novamente o tal homem de terno cinza que ela vira na chegada em Lisboa.

– Tancredo, estamos sendo observados...

– Por Deus, Florinda!

– Parece-me o mesmo homem, de terno cinza, só que, agora, de óculos escuros.

O Tancredo nem se deu ao trabalho de olhar, entretido que estava em admirar belezas arquitetônicas do lugar e a arte nos azulejos.

No penúltimo dia, quando acertavam que o passeio da manhã seguinte seria em Sintra, o motorista perguntou se podia levar também a Maria. A sugestão foi prontamente aceita. Eles tinham ouvido tanto sobre a esposa do português, que era como se já a conhecessem.

– Esplêndida ideia, Souza! Desejamos conhecer a dona Maria. Amanhã ela poderá nos acompanhar a Sintra.

No dia do regresso ao Brasil, estavam os quatro no aeroporto de Lisboa (dona Maria fora também, para a despedida). Tancredo deixou o motorista e as duas mulheres conversando animadamente e dirigiu-se ao guarda-volumes. Voltou trazendo o pacote pardo e entregou-o ao senhor Souza. Contou resumidamente a história e que não pretendia voltar com o pacote para o Brasil. Deixaria o volume em Portugal e caso voltasse a encontrar-se com a dona Ana forneceria a ela o endereço do senhor Souza em Lisboa. Dona Florinda era de opinião de que jamais reveriam a dona Ana. Tancredo, mais otimista, falava na possibilidade da dona Ana verificar na TAP a data da volta deles e de ir encontrá-los no aeroporto do Rio de Janeiro.

O motorista Souza examinava o pacote com curiosidade, quando foi interrompido pela aproximação de um homem trajando terno cinza, de óculos escuros. O homem se fazia acompanhar de dois outros, também de paletó e gravata, e de uma policial fardada.

O de terno cinza exibiu um distintivo:

– É a polícia! Queiram nos acompanhar! – Simultaneamente e sem cerimônia tomou o pacote das mãos do motorista.

Enquanto seguiam a policial que ia caminhando à frente, acompanhando-os os três homens logo atrás, Tancredo procurava acalmar o casal de portugueses, explicando que aquela ação da polícia havia sido provocada por ele próprio. Chegaram a uma sala onde entrou o grupo e a porta foi imediatamente fechada. Sob o olhar de todos, um dos policiais apanhou uma lâmina e começou a cortar cuidadosamente os cordões que amarravam o pacote. Retirado o papel pardo apareceu um segundo envoltório – folhas de jornal – e a seguir um terceiro – de plástico – que deixava antever um tubo rígido de papelão. Retirada a tampa de uma das extremidades do tubo, foi despejada sobre a mesa uma grande quantidade de pequenos envelopes transparentes cheios de um pó branco.

O policial riu satisfeito e voltou-se carrancudo:

– Os quatro estão presos, por tráfico de cocaína! Revistem-nos!

O Tancredo ensaiou um protesto, mas mandaram que se calasse.

O policial de terno cinza levantou os óculos escuros acima da testa e falou ao telefone:

– Prendemo-os em flagrante. Finalmente temos os receptadores em Portugal: Antônio Duarte de Souza e Maria Duarte de Souza. Sim, senhor, entendido!

Foram levados algemados e mantidos presos em celas, separadamente. No dia seguinte o motorista português recebeu a visita do seu advogado.

— Senhor Souza, as notícias são as piores possíveis. Esse seu amigo, Tancredo, é traficante de drogas. Vocês estão sendo acusados de receptação. Não foi confirmada a participação de uma velhinha no Brasil, tampouco a história de que uma funcionária no aeroporto do Rio de Janeiro foi acionada para avisar a polícia.

O casal de portugueses permaneceu preso em Lisboa e o de brasileiros foi repatriado.

No Brasil, Tancredo foi levado a uma dependência da polícia, onde o esperava o advogado. Era uma sala pouco ampla que tinha como mobiliário uma pequena mesa no centro e três cadeiras. O advogado informou-o que a dona Florinda estava bem, mas também detida. Esclareceu ainda que ocorreria a seguir um interrogatório, somente uma coleta de dados adicionais que a polícia pretendia obter para prosseguir nas investigações. O advogado continuava instruindo o seu constituinte quando entrou na sala um policial à paisana, sem paletó, com o nó da gravata afrouxado e as mangas da camisa branca arregaçadas.

O policial identificou-se, apertou a mão do Tancredo e ofereceu-lhe um cigarro que o Tancredo pegou, embora nunca houvesse fumado em toda a sua vida. Quando o policial avançou com o isqueiro, Tancredo não permitiu que o cigarro fosse aceso. O policial acendeu o seu próprio, e passou a andar de um lado para outro, com a mão esquerda metida no bolso da calça, o cigarro na mão oposta. Os outros dois permaneciam sentados em volta da mesa, em silêncio: um acompanhando com atenção os movimentos do agente da lei; o outro, abatido, cabisbaixo, acariciava a aspereza da barba de três dias, rangia os dentes. O policial interrompeu o vai-e-vem e postou-se de pé à frente deles, soltou uma baforada para cima e acompanhou com as vistas a fumaça subindo. Sem afastar os olhos do teto, iniciou:

— Senhor Tancredo, é do seu maior interesse colaborar com a polícia. Eu disponho de todo o tempo deste mundo para ouvi-lo. Conte a sua história, sem omitir detalhes, mesmo aqueles que o senhor julgue sem importância. Quero principalmente nomes, os nomes de todos os envolvidos. Mantenha-se calmo, o senhor tem a sorte de contar comigo, o profissional mais paciente que há na polícia brasileira. Pode iniciar o seu relato. Mas, por favor, gostaria que o senhor pulasse a parte da velhinha de 78 anos... Consulte o seu advogado, se quiser, mas eu, pessoalmente, acho que nenhuma imaginária Ana, Donana... Ou Santana vai ajudá-lo.

Um ponto da maçã do rosto estufava a cada trincar de dentes. Começou a cair sobre a mesa o fumo do cigarro que o preso esmagava com os dedos trêmulos.

***

Atendendo no pronto-socorro do hospital municipal, eu tinha a comprovação diária de como a vida é frágil. A impotência da medicina diante de mortes brutais me impressionava muito. Até os noticiários cruentos à noite passaram a me incomodar. Diante da televisão, eu não era mais um expectador comum, via como médico as condições das vítimas de violência, sobretudo sabendo do pouco que no hospital se pode fazer para salvá-las de sequelas incapacitantes, quiçá da morte. Uma criança morreu em minhas mãos, sorrindo. Tive de valer-me do tio Alfredo. Ele disse que eu devia superar esses sentimentos depressivos e acostumar-me com a rotina do atendimento médico de urgência numa urbe selvagem, onde as tragédias se multiplicam e a morte violenta espreita sorrateira cada um. Acho que ele pretendeu fazer com que eu enfrentasse a realidade sem tentar ignorá-la, porque, ao invés de suavizar o assunto, optou pelo que me pareceu um tratamento de choque, contando-me histórias de mortes tão pungentes quanto inconcebíveis, em que as vítimas sequer passam pelo atendimento médico. Uma delas foi a seguinte:

Os carregadores limpavam com pano úmido enrolado no rodo o piso de cerâmica vermelha da área de expedição do armazém frigorífico. Ali o ruído dos enormes compressores chegava atenuado, mas bastava ser aberta a porta que dava acesso ao longo corredor separando seis câmaras de cada lado, para ouvir o intenso barulho dos motores que impulsionavam o gás para as serpentinas daqueles doze compartimentos, cada um com capacidade para 60 toneladas de carne congelada. A temperatura no corredor era de dez ou onze graus centígrados, mas no interior das câmaras fechadas o frio espalhado por potentes ventiladores instalados na parede de cada uma era de dezoito graus negativos.

Os empregados já estavam vestindo luvas e capas impermeáveis com capuz, forradas de grossa camada de lã, preparando-se para transportar das câmaras para caminhonetes as carnes acondicionadas em caixas de papelão de doze quilos. Na plataforma, a primeira caminhonete do dia, uma espalhafatosa picape amarela, havia acabado de estacionar para ser carregada. O motorista da picape andava de um lado para outro, tirava e tornava a colocar o boné que trazia à cabeça, olhando de vez em quando o relógio de pulso. "Como se perde tempo", resmungava. Ele era sempre o primeiro a chegar, antes das oito horas, mesmo sabendo que o seu veículo somente seria carregado depois das 08h30.

O doutor Frederico, gestor do frigorífico, chegou faltando cinco minutos para as oito, mantendo a pontualidade costumeira, cumprimentando sorridente. Há cinco anos geria o armazém e, embora fosse de temperamento reservado, tratava os funcionários pelos apelidos, pois ainda que no início resistisse, acabou se rendendo aos costumes deles. Sentou-se na sua cadeira de imbuia, atrás de uma velha escrivaninha, no centro de uma saleta cujas laterais permitiam uma ampla visão da porta de entrada para o corredor do armazém e da plataforma onde eram carregadas as caminhonetes. Uma mesinha com telefone, um cesto de papéis e a vestimenta especial de frio pendurada num cabide completavam o seu ambiente de trabalho barulhento sem conforto. A diretoria já lhe havia proposto instalar-se numa dependência que seria construída com o aproveitamento de uma parte do escritório, mas ele desaprovou a ideia, preferindo permanecer no seu posto privilegiado para controlar a saída da carne. Observado pelo Pai-velho, funcionário de compleição forte, calvo, já passando dos sessenta anos de idade, o gestor retirou da gaveta uma chave presa a uma placa de plástico e entregou ao velho careca.

"Eis a chave, Pai-velho, vamos abrir".

Pai-velho chamava-o de "meu gestor". A função do velho era de carregador, mas prestes a se aposentar, transformara-se, com a consonância dos demais carregadores, em respeito à sua idade, numa espécie de auxiliar direto do gestor. Acompanhava todos os movimentos do chefe, pressentia tudo que o gestor ia necessitar e muitas vezes antecipava-se às ordens. Sentia-se feliz em prestar esses serviços e ficava enciumado quando outro carregador executava alguma tarefa que considerava sua. Devido à preocupação permanente de agradar, não raras vezes cometia gafes, que muito divertiam os outros. Quando ocorria alguma discussão entre o grupo chamavam-no de velho puxa-saco, mas sem nenhuma maldade. Reinava entre eles a mais perfeita harmonia, mesmo porque os oito carregadores, todos com mais de vinte anos no emprego, quando não eram ligados entre si por algum laço de parentesco eram compadres.

Todas as manhãs, era o Pai-velho que recebia das mãos do gestor a chave para abrir a grande porta metálica que dava para o corredor interno do frigorífico. No fim do dia, era ele que passava o cadeado nessa porta, não sem antes percorrer o corredor e certificar-se de que cada porta das doze câmaras estivesse bem fechada. Se alguma câmara fosse deixada por muito tempo com a porta aberta, a temperatura do seu interior tendia a equilibrar-se com a temperatura mais alta do corredor, e em poucas horas a coluna de mercúrio do termômetro subia, indicando risco para a qualidade da carne, que, congelada convenientemente e assim mantida, podia permanecer por vários meses estocada sem sofrer qualquer alteração na sua qualidade.

Aberta a porta principal, o Pai-velho entrou no corredor e conferiu a marcação nos termômetros de cada câmara. Mesmo com todos os cuidados de monitoramento, já acontecera de falhar os equipamentos, elevar-se a temperatura numa das câmaras e, para não perder-se o produto, a situação de emergência paralisava a atividade de expedição, pois todos os carregadores tinham de ser mobilizados no deslocamento das muitas toneladas de carne de uma câmara para outra, a fim de que na câmara esvaziada os reparos pudessem ser executados. Isso resultava num trabalho árduo para os carregadores, tanto pelo esforço de deslocar apressadamente as caixas, como pelo fato de se exporem por longo tempo às baixas temperaturas. Isso era muito raro acontecer, mas diariamente a temperatura se elevava na câmara da qual se estava retirando carne, e somente algumas horas após o frio voltava ao ideal. Por isso os cuidados para que a câmara ficasse aberta somente durante o tempo estritamente necessário.

Pai-velho voltou do interior do frigorífico, a temperatura em todas as câmaras estava normal, mas ele lembrou ao gestor que o dispositivo de segurança de abertura da câmara nove ainda não havia sido consertado. Era uma haste que permitia abrir por dentro a câmara, caso a porta se fechasse acidentalmente com alguém no seu interior.

– Porém será consertada amanhã, meu gestor – completou.
– A empresa da manutenção quer saber se o senhor deseja que o dispositivo de segurança da porta seja inteiramente trocado. Está meio enferrujado, mas o problema é só com a haste que partiu e não segura mais a mola. – O gestor autorizou:
– Que troquem o conjunto completo, mas que seja do mesmo modelo das demais câmaras.

O motorista da picape amarela continuava tirando o boné, impaciente com a demora para o início do carregamento, e resmungava: "Como se perde tempo!"

O gestor chamou um funcionário do escritório:
– Já consta na ficha-estoque as vinte toneladas que entraram ontem na câmara nove? As pilhas estão ainda sem as etiquetas. Preencha-as para que eu possa etiquetá-las. Lembre-se de que o expediente hoje é só até o meio-dia.

Uma segunda caminhonete estava chegando e o homem da primeira continuava rezingando: "Como se perde tempo..."

Às doze horas, todas as caminhonetes já tinham sido despachadas com as suas cargas, o telefone tocou e uma voz feminina anunciou: "Doutor Frederico, o doutor Soares está se dirigindo para aí."

Eram amigos desde a adolescência, e estreitaram ainda mais a amizade depois que ambos se casaram e as respectivas esposas também se tornaram grandes amigas. Passaram a se encontrar menos a partir de quando doutor Soares, que já se tornara um cirurgião de renome, tivera o casamento fracassado e se divorciara. O médico entrou vestido elegantemente na sala do gestor.

– Vim convidá-lo para almoçarmos juntos. Não é hoje que você encerra o expediente ao meio-dia?

Abraçaram-se.

– Aceito o seu convite. Você sabia que estou sozinho?

– Sei, a Clarice foi para a casa da praia com as crianças, não é?

– Aproveitando as férias escolares. Estou sentindo a falta deles. Vou buscá-los no fim da semana.

O doutor Soares franziu ligeiramente a testa.

– Você é um homem de sorte, Frederico...

Frederico entendeu o queixume. O amigo referia-se ao casamento. Procurou desviar o assunto.

– Claro que tenho sorte. Estou com o carro na oficina, sem o que comer em casa e você aparece para me pagar um almoço. Sairemos daqui a quinze minutos. Puxou o amigo pela fivela do cinto:

– Você esta barrigudo, para os seus quarenta anos. Venha comigo, vou entrar para inspecionar uma câmara vazia que está desligada.

O doutor Soares deu um tapa na mão que o puxava pelo cinto:
– Largue-me, não gosto de entrar nessa sua geladeira monstruosa.

O gestor entrou sozinho no frigorífico e o médico ficou ali a observar o movimento dos funcionários que deixavam o trabalho. Os carregadores se despiam dos abrigos e o pessoal do escritório cobria as máquinas de escrever.

O gestor voltou do interior do armazém e falou num tom carinhoso com o único carregador que ainda estava ali:
– Pai-velho, verifique se todas as câmaras estão bem fechadas.
– Já, já, meu gestor, vou primeiro lavar as mãos.

O gestor colocou uma das mãos sobre o ombro do velho, que se lambuzava comendo uma manga apanhada de uma mangueira atrás do frigorífico.

– Veja, Soares, o Pai-velho tem de tempo de serviço quase o mesmo que você tem de idade, não tem barriga, carrega caixas pesadas, come manga o dia inteiro e dá os seus pulinhos por aí...
– Graças a Deus, meu gestor, mas nunca fumei e não abuso da cachaça.

O funcionário do escritório apareceu apressado trazendo um enorme grampeador e fichas retangulares preenchidas.
– Doutor, eis aqui as etiquetas. O senhor disse que quer grampeá-las nas pilhas da câmara nove ainda hoje.
– Sim, não quero sair antes de afixar essas etiquetas nas pilhas da carne que deu entrada ontem. – Olhou para o médico:
– É um trabalho que faço pessoalmente. – Apontou para o abrigo pendurado na parede:
– Vista aquilo e vamos lá dentro comigo.
– A contragosto vou vestir essa sua batina encardida e acompanhá-lo. Faz tempo que não entro na sua geladeira.

Os dois adentraram o armazém e caminharam na penumbra do corredor frio e úmido com cerca de 100 metros de extensão. A câmara nove era a terceira à direita e a sua grande porta se abriu quando o gestor puxou uma alavanca de aço. Entraram e a ventania e o barulho de dois enormes ventiladores fizeram com que o doutor Soares elevasse a voz:

– Qual é a temperatura aqui dentro?

– 18 graus negativos. Ajude-me aqui.

As caixas de carne ocupavam menos que a metade da câmara, empilhadas sobre estrados de madeira. O doutor Soares, encolhido, parecia querer enterrar o pescoço no tórax e só descruzava os braços quando tinha de segurar uma etiqueta contra a pilha, para que o gestor a grampeasse.

– Vamos dar o fora daqui, Frederico, você parece não ligar para o frio, mas eu estou ficando encarangado.

– Só falta uma pilha...

Então ouviram um baque surdo sobrepondo-se ao barulho dos ventiladores. Adivinhando o que acontecera, saíram depressa de trás das pilhas e viram a porta fechada. O doutor Soares foi o primeiro a falar:

– Fecharam a porta? Que brincadeira é essa?

O gestor não respondeu. Correu para a porta fechada e bateu com os punhos cerrados no revestimento metálico da madeira espessa.

– Abra! Abra! Ei, tem gente aqui dentro!

O doutor Soares estava pálido e gritou para o amigo:

– Que diabo? Você não pode abrir essa porta por dentro?

A resposta veio assustadora:

– Não posso, está quebrada... – apontou para a marca onde deveria estar presa a haste do dispositivo que permitiria a abertura da porta pelo lado interno da câmara. – Não se preocupe! Alguém nos ouvirá! – Continuou a esmurrar a porta. – Abra! Abra!

O doutor Soares, muito pálido, olhava com incredulidade para o gestor:

– Frederico, não aguento ficar mais tempo aqui dentro, você tem de fazer alguma coisa!

A ventania provocada pelos ventiladores instalados na parede três metros acima do piso, tornava o frio ainda mais intenso. O gestor olhou para cima e gritou:

– Vou parar aqueles malditos ventiladores! Fique batendo na porta! Sem parar, com força... Alguém ouvirá!

O doutor Soares passou a esmurrar a porta, e o outro se afastou alguns passos da parede para arremessar o grampeador contra um dos ventiladores. O grampeador colidiu com as pás e foi projetado para baixo, atingindo a cabeça do gestor. Com sangue escorrendo pelo pescoço, fez uma segunda tentativa e desta vez o grampeador foi envolvido pela hélice, provocando desordenadas batidas, como se estivesse num liquidificador, para finalmente ficar preso prensado entre as pás da hélice imobilizada.

O doutor Soares havia apoiado a testa na porta e deslizava as mãos abertas no revestimento metálico, como se acariciasse a placa gelada. Estava chorando. O gestor correu em sua direção:

– Não pare de bater! Por Deus, não pare de bater! A nossa única chance é sermos ouvidos... Bata! Bata! Vou parar o outro ventilador! – Olhou para o ventilador que funcionava, e não sabia bem o que fazer. Procurou e não achou nada que pudesse ser usado como fora o grampeador. Lembrou-se do filé mignon acondicionado por unidades nas caixas de papelão. Abriu uma delas e os seus dedos, já com as extremidades insensíveis, tiveram dificuldade para remover um pacote de celofane com o filé petrificado. Atirou o pacote contra o ventilador, mas o filé era por demais volumoso para insinuar-se entre as pás. Decidiu empilhar caixas junto à parede sob o ventilador, para tê-lo ao alcance das mãos quando subisse nelas, e mal iniciava o empilhamento, foi agarrado pelo médico aterrorizado, que gritava:

– Nós vamos morrer! Nós vamos morrer!

– Bata na porta! – gritou o gestor, desvencilhando-se do outro com um empurrão.

O doutor Soares já não gritava, sussurrava sem ser ouvido:

– Frederico... Não Posso... Minhas mãos... Não sinto as minhas mãos... Minhas orelhas... Nós vamos morrer... – Um grito brotou em sua garganta, mas não chegou a sair.

O gestor gritava.

– Você não pode parar de bater! Quem fechou a porta deve estar por perto, ouvirá as batidas. Vou destruir o outro ventilador. Tome! – deu-lhe o pacote de filé. – Bata na porta com isto! Você não pode parar de bater na porta. Não pare de se movimentar senão morrerá congelado!

O doutor Soares estava de pé, com os joelhos semiflectidos, abraçado ao filé, como se ninasse um bebê, e murmurava:

– Não posso... Não posso...

O gestor empilhou algumas caixas e quando constatou que a altura era suficiente, retirou outro filé da caixa rasgada, subiu na pilha e parou o ventilador com a carne petrificada. Saltou para o chão, as suas pernas dormentes não o sustentaram e ele caiu. Levantou-se com dificuldade e continuou a retirar caixas da pilha de onde já retirara algumas e conseguiu liberar um dos estrados de madeira. Arrastou o pesado estrado para o lado oposto da porta, pensando em fazer uma abertura na parede que os separavam do exterior quente ensolarado. A madeira escapava das suas mãos enrijecidas. Num esforço supremo, balançou o estrado e bateu com ele. Fragmentos de reboco desprenderam-se, deixando aparecer a camada branca de isolante térmico. Ele sabia que sob a camada de isopor havia uma espessa parede de cimento, impossível de ser arrebentada com a madeira, mas tinha de acreditar em alguma coisa, e continuou, grotescamente, a tentar balançar o estrado contra o reboco. Sem mais forças, dirigiu-se cambaleante para perto do doutor Soares, que estava caída junto à porta. Tomou o rosto dele entre as mãos e sacudia o amigo:

– Nós temos de arrebentar a parede, ajude-me... Por favor, ajude-me...

Na manhã do dia seguinte, a picape amarela já estava estacionado junto à plataforma.

Os carregadores passavam com rodos o pano úmido no piso de cerâmica vermelha.

O velho careca censurava os companheiros:

– Ontem, quando fui fiscalizar o corredor, encontrei aberta a porta da câmara nove. Vocês sabem que as portas não podem ser esquecidas abertas. Mas não adianta falar, vocês querem mesmo é deixar o meu gestor zangado.

O carregador que estava limpando o piso ignorou as palavras do velho, apoiou o queixo no cabo do rodo e sentenciou:

– Já passa das oito horas. O doutor Frederico vai chegar atrasado. Será a primeira vez em todos esses anos.

O motorista da picape amarela tirava o boné, andava de um lado para outro e olhava o relógio de pulso:

– Como se perde tempo!...

***

A quantidade de cadáveres mutilados vistas por anos a fio tornou-me insensível à piedade, pelo menos imune a sentimentos de pesar pelos que perdem a vida.

Mortes já não me abalavam, mas acho que o tratamento de choque que me aplicou o tio Alfredo com as suas histórias de mortes terríveis passou das medidas, anestesiou-me, pois cadáver tornou-se para mim simplesmente algo sem vida: um bloco de cimento, uma tora de madeira, um peixe fora d'água. Por outro lado, passou a me inquieta ter de passar algum dia pelo mesmo sofrimento de pessoas que não sabem viver na ausência de alguém amado levado pela morte. Minha avó, espanhola forte, 90 anos de idade, esperava a morte do meu avô, para depois, então, morrer também. Achava que seria muito sofrimento para ele ficar sem ela. Morreu pouco mais de um mês após a morte do vovô. Já me acostumara com o fato de que médicos não podem evitar mortes, mas sentia-me inconformado com a incapacidade de aliviar a dor dos que ficam sozinhos. Quando o meu melhor amigo morreu num acidente com a sua motocicleta, senti-me à beira da depressão, não propriamente pela morte trágica, mas por causa da dor que vivia os pais dele, a esposa e os dois filhos pequenos. Falei para o tio Alfredo que eu deveria ter me tornado um psicólogo, um padre, talvez. O tio disse-me que todos temos o sagrado dever de aproveitar, em quaisquer circunstâncias, o que a vida tem a oferecer, nenhuma vida está se passando inutilmente. Desistir da vida, ele falou, é abrir mão do único instrumento de que dispomos para o crescimento espiritual, para o enriquecimento do que chamo de atmã. E a seguir contou uma história de renúncia à vida.

As pegadas de dois pés e de quatro patas eram desfeitas pelas ondas remanseadas, e as marcas mais recentes na areia molhada iam dar no homem de calção de banho que caminhava sem camisa, a passos largos, e num cão de pelagem negra e de aspecto inofensivo. Era o terceiro dia do homem ali, a terceira manhã em que caminhava triste naquele lugar paradisíaco, com o cão acompanhando-o. Na primeira manhã, o cão saltitava ao seu lado e à sua frente, ganhando alguns pontapés com resmungos, quando tocava com o focinho frio a sua perna. Na segunda manhã, o cão era ameaçado com varadas, mas entendia que estava sendo incitado a brincar, cada vez que o homem se abaixava para apanhar uma varinha expulsa do mar. Agora, o animal mantinha-se caminhando quieto à retaguarda, a dois palmos dos calcanhares do homem, parecendo que se estabelecera um mudo consenso, que um extraía aconchego do outro.

A pequena praia em arco era limitada numa extremidade por uma ponta de mata atlântica e na outra por uma fiada de rochas cinzentas – grandes e pequenas, pontiagudas ou de gumes erodidos – que avançava cem metros até um farol, cujo facho à noite mil vezes cruzava encostas verdejantes e se perdia na escuridão do mar. O homem percorria a cada manhã seis vezes a extensão da praia, em marcha forçada, traçando trajetória curvilínea de acompanhamento do fenecer serpeante das ondas. Caminhava pela areia fina até a praia acabar na ponta em que a água encontrava as rochas, quando então se virava e caminhava de volta, perfazendo num vai-e-vem cerca de cinco quilômetros. Há dois meses abandonara a prática de esportes, alquebrando-se na solidão e no desgosto que passaram a dominar o seu espírito e ameaçavam dominar também o seu corpo.

Terminado o ofício, suado, o sol já alto, percorreu alguns metros o acesso de pedras para o farol, ultrapassou um desvão de rochas descoberto pela maré baixa, teve levemente ferido o pé desacostumado de pisar sem sapatos, sentou-se numa superfície pétrea arredondada, aliviado do cachorro que ficara esperando à sombra de uma cadeira cambaiada na areia. Que se passaria na mente daquele diabo de animal que o elegera companheiro? Sentiu um aperto no coração, ao pensar que o apego daquele fiel acompanhante era o único afago que lhe restava, que, agora, somente um cachorro se importava com ele. Encarquilhou as pálpebras e observou o "Ungido de Glória", um meio descascado pequeno barco a motor que balançava preso a alguma âncora enferrujada – perfeita metáfora do estado de espírito em que ele próprio se encontrava –, e os pescadores esganiçando para as ações conjuntas necessárias ao desdobramento da longa rede mar adentro. Um seribeiro mais jovem contrastava os outros, tinha cabelos louros desanelados pela água salgada, pele bronzeada não enegrecida como a dos demais, embora fosse tão musculoso quanto. Atavismo recuando várias gerações, ou resultado de um amor fortuito com algum turista nórdico? Tomara que tenha sido uma paixão, um amor ardente que valeu a pena. (Sentiu outro aperto no coração.) Aquela gente rústica seria feliz? Com todas aquelas antenas de televisão encimando os casebres, não hão de ser completamente felizes aqueles que desejam algo que antes nem sabiam que existia. (Os jovens delinquentes das metrópoles não assaltam porque não têm sapatos, mas porque desejam ter um tênis de grife, dizem os sociólogos.) De qualquer modo, aquele rapaz adônis loiro maltratado jamais se adaptaria aos sobressaltos de um Rio de Janeiro, para inspirar uma canção "Menino do Rio", assim como ele próprio jamais acomodaria o seu exílio amoroso num recanto de pescadores.

Notou, ao seu lado, numa poça de água que se evaporava na concavidade da pedra, um peixinho condenado a morrer naquele minúsculo mundo, sem uma companhia, assim como ele próprio, que agora estava para sempre sem a sua companheira e sem poder fugir deste planeta, com a diferença de que o peixinho morreria, enquanto que ele estava irremediavelmente sentenciado com a pena da solidão, o que é pior que a morte. Para que salvar o peixinho? Para ser devorado por um peixe maior ou crescer e cair numa rede de pescador? Viu um turista curioso preparando a máquina fotográfica diante dos muitos peixes arrastados na rede, pululando agonizantes, reluzentes na areia, os menores atirados de volta à água, saracoteando para a liberdade. Quando arrumou a sua mala para a viagem, nem lhe passou pela cabeça trazer a máquina fotográfica. Se a sua amada vivesse, o teria lembrado de levar a máquina. (Mas imagens congeladas numa fotografia... agora para quê?)

A praia estava se povoando de turistas, crianças branquelas, mulheres de maiô e de biquíni, homens ajuntados para assistir à lida dos pescadores. À hora em que ele fazia as caminhadas, querendo amanhecer o dia, além do cachorro apenas um ou outro barraqueiro se fazia presente na praia varrendo pontas de cigarro, colhendo copos plásticos e latas vazias de cerveja, vestígios do lucro da noite anterior e da degradação da natureza. Uma melodia murmurada veio à sua memória. Na primeira manhã de caminhada, uma cinquentona vulgívara de traços nativos e seios turgentes sorria enigmática a cada perpassada dele, postando-se bem à sua frente, a sussurrar uma canção provinciana e bambolear os quadris, acreditando nos próprios encantos, como se crê que as serpentes hipnotizam as suas presas. Ah, como gostaria de contar isso àquela que deveria estar ali com ele! Ele diria que se tratava de uma prostituta, ela replicaria que se tratava de uma diva seduzida pelo charme da barba branca dele. Como haveriam de rir juntos. Ela também acharia muita graça se ele lhe contasse a história do portão. Quando ele saía para caminhar, muito cedo, o portão de madeira que dava acesso à praia era ainda encontrado trancado com corrente e cadeado, embora dispusesse de uma tramela para mantê-lo fechado. Ele tinha de pular o portão para alcançar a praia, o que levantou suspeita a ponto de o garçom no café da manhã perguntar se ele era hóspede no hotel. Ela morreria de rir: "Quando é que você vai se convencer de que a sua mania de madrugar só lhe traz dissabores?" Em seguida assumiria um tom grave: "Pular portão? Meu Deus, vamos acabar saindo daqui direto para um hospital ortopédico!" Voltando a rir: "Vou denunciá-lo ao nosso filho. Sim senhor, julgando-se um jovem com direito a malabarismos imprudentes".

O céu limpo projetava sombras de gaivotas, sem rumor de asas, uns grasnidos de vez em quando. Passou a mão nas costas ruborizadas e ardentes (se ela estivesse lá, não permitiria que ele saísse sem protetor solar), abandonou o seu posto na pedra e o peixinho ilhado, dirigiu-se de volta para o *resort*, enxotando o cachorro para que não entrasse com ele pelo portão agora liberado da corrente. Fechou com a tramela o portão atrás de si, captou o olhar do cachorro e disse mentalmente um até amanhã. Dali dava para avistar mais acima o chalé que ele ocupava no *resort*, pensou na cama de casal ainda desfeita... Pulou-lhe o coração, aquela dorzinha persistente no peito. Ao invés de ir para o chalé, estirou-se numa rede armada à sombra de palmeiras, acomodou-se nela sob trinados de pássaros, dois pica-paus cortejando-se. Podia escutar um casal gritando juventudes na piscina. Aquele aperto no coração... Ouviu o baque surdo do cacho de dendê contra o solo, e olhou para o facão sendo vibrado por firmes mãos calejadas de um ser humano acochado precariamente no estipe a dez metros de altura. Também notou que passava, com cautela pelo caminho estreito revestido de pedras irregulares, uma senhora vaporosa calçada de salto alto, esquivando-se espavorida de lagartixas, cabelos bem arrumados tingidos de azul acinzentado, colares em profusão sobre a blusa branca bordada. Se a sua saudosa companheira estivesse ali, eles teriam trocado olhares de íntima cumplicidade: "Assim será você amanhã, quando for viúva, ataviada de penduricalhos", ele diria. Ela aproveitaria, como sempre fazia com sutileza, para enaltecê-lo: "Eu nunca serei viúva, com a minha vida sedentária... você com esse preparo físico... você é que se tornará um desses velhinhos viúvos ridículos, olhando de soslaio para as viúvas bonitas". Ririam muito.

Ai! A dor no peito que acompanha os pensamentos também doídos.

Não há nada no mundo mais indiferente aos nossos sofrimentos do que o mar. Também o palmeiral, farfalhando ao vento. Não há nada mais tedioso do que não alimentar alguma expectativa. (A vida não merece ser vivida, a menos que se tenha uma expectativa.) Não há melhor remédio para a melancolia do que palavras amigas, um beijo de arrependimento após uma rusga. Ele sentia agora quanto eram amáveis as palavras dela diante das rabugices dele: "Em qualquer relacionamento no qual duas pessoas concordam em tudo, uma delas é desnecessária".

A ausência dela invadia as suas entranhas, avivava-lhe dolorosamente lembranças. Ele não desejava esquecer, apenas aceitar. Uma realidade não volta a ser tão contundente depois que a aceitamos. Mas aceitar como? Haviam compartilhado cada dia a maior parte das suas vidas, por que a separação pela morte? Por que não voltarem a estar juntos pelo menos nos mesmos sonhos? Quando seus olhos pairam indecisos entre a vigília e o sono, ele pode vê-la, mas aparecendo e desaparecendo como fogos-fátuos.

Os dias são longos. O que fazer com o resto daquele dia, ele agora desinteressado de convívio social? Na noite anterior ele havia perambulado pelas ruas da cidadezinha: o acarajé pareceu-lhe sem gosto; o açaí na tigela, enjoativo. Percorreu a rua principal, sem se deter, entre famílias de turistas procurando restaurante, gente da terra vendendo de tudo, jovens tatuados procurando sabe lá o quê. Com ela, teriam sido várias horas experimentando um par de brincos aqui, apalpando uma roupa multicolorida pendurada acolá, perquirindo artesãos, abandonando-se à conversação com um ou outro aborígine. Mas, sozinho, restou-lhe seguir célere, desinteressado de tudo, só tendo a atenção despertada à porta de um bar em que um tecladista acompanhava sofrivelmente *Moonlight Serenade*.

Ali na rede, à sombra do palmeiral, foi a primeira vez que sentiu terrivelmente forte a dor no peito, que antes eram apenas pontadas de solidão.

Deixou a rede, dirigiu-se ao chalé. Tomaria um banho, preparando-se para o almoço no restaurante do hotel. Ao abrir a porta, constatou que a camareira havia já feito o seu trabalho, um travesseiro em cada lado da cama. Atirou um deles no chão e puxou o outro para o meio. Viu na pia a única escova de dente, olhou-se no espelho, seus olhos encontraram os de sua imagem, um olhar mais para o infinito. Deitou-se no centro da cama, sem tomar banho, esperando passar a dor no peito. No teto o lustre de vime balançava com a brisa marítima, as tábuas pintadas de branco bem justapostas não impediam ruídos, arranhões de algum bicho, um casal de pássaros fazendo o ninho, talvez. Na varanda de assoalho que rangia ressecado pelo sol, havia uma mesa circular e quatro cadeiras postas, que poderiam estar animadas com toalhas molhadas, calções e maiôs colocados a secar, devaneava... se ela estivesse lá. A índia num quadro na parede tinha uma vareta traspassando horizontalmente as narinas, apresentava um semblante grave de intelectualidade que nada tinha a ver com indígena, as pinturas no rosto e na testa eram em forma de pequenos triângulos superpostos riscados com régua milimetrada.

Fez uma careta para a índia, levantou-se, vestiu-se, juntou os seus pertences na mala, fechou-a, dirigiu-se cambaleante de dor à recepção do hotel, desculpou-se por não ficar mais dias como o combinado, pagou a conta, pediu que lhe chamassem um táxi.

Enquanto esperava, a intensidade da dor foi rapidamente aumentando, queimava-lhe o peito, irradiava-se para o ombro e descia pelo braço esquerdo.

E a dor aguda súbita, dilacerando, foi a última coisa que sentiu.

***

Certa vez fui agredido verbalmente por alguém arrogante e autoritário. Controlei-me, não revidei, mas me senti mal o dia todo por causa disso. Perguntei ao tio Alfredo se não teria sido melhor responder à altura a insolência. Disse-me que não.

– Devemos defender os nossos direitos, porém enriquece o espírito o exercício da tolerância, da compreensão dos que padecem da soberba, que fazem elevada opinião de si mesmos. A mágoa transitória pela qual você está passando exercita as suas virtudes.

Após discorrer sobre algumas passagens bíblicas do tipo "todo aquele que se exaltar, será humilhado; e todo aquele que se humilhar, será exaltado", ele contou-me a seguinte história.

O homem estava sentado à sombra no solo gramado, ombro esquerdo apoiado no tronco da árvore frondosa, pés descalços, botinas atiradas displicentemente no chão verde. Puxou com violência a vara de pescar quando sentiu o mordisco.

"Safado!" exclamou examinando a minhoca dilacerada pelo peixe que escapara.

Como se não quisesse perder o apoio, contorceu-se para o lado direito sem afastar o ombro esquerdo do tronco da árvore e meteu os dedos médio e indicador dentro da lata de extrato de tomate, revolvendo a terra úmida e pinçando uma nova isca. Viu então a pessoa que o observava a sorrir prazerosamente. A espreita o desagradou. Queria sossego, e estava ali agora sendo perturbado por aquele grã-fino de camisa de seda marrom.

O desconhecido falou enxugando a testa e o pescoço com um lenço:

– Boa a sombra. Se não o aborreço, gostaria de vê-lo fisgar um.

O pescador não gostava de companhia quando pescava à beira do lago. Mantinha a minhoca presa entre os dedos, sobrolho franzido, examinava o intruso que aparentava possuir uns sessenta anos de idade denunciados pelas rugas no rosto avermelhado e pelos cabelos grisalhos bem penteados. Era simpático e sorria mostrando dentes alvos bem compostos. Os olhos brilhantes punham mais sorriso no sorriso e davam à figura um aspecto extremamente despretensioso. Tinha os braços brancos poupados do sol caídos ao longo do corpo levemente gordo, contrastando com a camisa escura de mangas curtas, e guardava distância de dez passos, como se estivesse aguardando permissão para se aproximar.

Movido por um impulso que surpreendeu a si próprio, o pescador deixou escapar o convite:

– Chegue aqui, doutor. Venha ver os que peguei.

– Lambaris – disse o homem examinando a fieira de peixes ainda molhados e reluzentes. – Bonitos!

– Eta, maldito! – gritou o pescador puxando a vara com o lambari que dava uma última rabanada na superfície da água tranquila do lago, para cair aos seus pés, pululando já liberto do anzol. – Quase escapa, o filho-da-puta. Nem machucou a boca.

– Esse é dos grandes.

– Que nada, doutor. Você precisava ver o desgraçado que me escapou. Olha! – Apontou para uma pequena ilha criada pelo barranco que formava um declive e avançava para o lago, submergindo por alguns metros para reaparecer novamente. Quando o sol baixar um pouco mais, é pra lá que eu vou. Conhecendo o caminho, dá para ir com a água pouco acima dos joelhos, depois é só lançar o anzol e tirar bagres desse tamanho. – Fazia exagerado o gesto com as palmas das mãos voltadas uma para a outra.

Dez minutos depois, conversavam como velhos amigos.

– Pegue aqui, doutor. – Falou terminando de ajeitar a minhoca no pequeno anzol. – Quem sabe se o doutor não pega o puto que me fugiu.

O velho apanhou sorridente a vara. Formavam um quadro grotesco, pelas diferenças posturais e de vestimentas, aqueles dois um ao lado do outro. A figura do homem claro elegantemente sentado sobre os calcanhares contrastava com a do pescador de pele rude morena queimada, bíceps estufados sob a manga justa da camisa do Flamengo surrada, descalço, pernas das calças arregaçadas, sentado esparramado na relva.

– Você vem pescar todos os domingos?

– Bem, costumo pescar aos sábados. Domingo é dia de ver futebol. – Fez uma pausa e contemplou o velho segurando com as duas mãos a vara de pescar, absorto a olhar fixamente a água no ponto onde a linha de náilon desaparecia. Lembrava uma criança prestes a experimentar a sensação de pela primeira vez pegar um peixe. Aquela figura de cabelos grisalhos lhe era imensamente simpática e naquele rosto encanecido os olhos alegres lembravam-lhe alguma pessoa conhecida. Forçou a memória e só lhe veio à mente a imagem do pai há muito falecido. Não entendeu porque, pois nada havia no homem ao seu lado que se assemelhasse ao seu saudoso pai. Talvez a voz. Sentiu necessidade de falar e também ouvir o companheiro que estava exageradamente concentrado na pescaria.

— O doutor deve ter já bem alguns netos...

— Tenho, sim. Tenho três netos. E você, é casado? — O velho falava sorrindo sem desviar os olhos da linha de náilon.

— Sou. Tenho cinco filhos. Logo serei avô também. Sabe, a minha mulher é uma fera de braba. Sangue espanhol... Chama-se Teresa. Quer saber por que eu vim pescar neste domingo? Porque a Teresa me proibiu de ver o jogo do Flamengo. É verdade que ela tem as suas razões... Mas não me deixar ver o Flamengo ganhar hoje do Grêmio é castigo demais. Ainda mais do Grêmio, que é um time de merda, com quem o Mengo tem contas a ajustar desde aquele jogo do ano passado. Não quero nem ouvir pelo rádio, para não doer o coração. Você torce pro Flamengo ou pro Bota?

— Eu sou gremista.

— Então você é um merda.

O velho deu uma gargalhada. O pescador continuou:

— Sabe, quando eu chegar em casa, a Teresa vai estar com remorso por me ter privado do Flamengo. Vai estar doce que nem uma uva e me dirá como foi o jogo. Mas daí, só me resta ver à noite na televisão a repetição dos lances principais da partida.

De repente, a fina vara começou a sofrer convulsões e acentuar a sua curvatura, como se fosse mergulhar no lago. O velho puxou o peixe para fora da água, divertindo-se com os berros de "puxa!" que dava o companheiro. O pescador disse um palavrão e censurou o velho:

— Você demorou tanto a puxar, que eu pensei que estava esperando o desgraçado engolir a vara.

— Filho-da-puta! — exclamou o velho, gargalhando. — O filho-da-puta quase me escapa.

O pescador achava graça na falta de habilidade do velho atrapalhado com o lambari pendurado no anzol, e riam ambos.

O velho repetiu o palavrão.

— Pelo jeito, você nunca pescou. — disse o pescador, socorrendo o outro na tarefa de desprender o peixe do anzol.

— Eu gostava de pescar quando era criança. Cresci e nunca mais pude me deliciar com essas coisas... — Olhou com uma expressão engraçada para o pescador e acrescentou: — Também não tenho dito palavrões muito frequentemente...

E os dois riam descontraídos.

— Palavrão e pescaria. Tá aí, doutor, duas coisas boas para a cuca da gente. A Teresa diz que sou muito desbocado, não dou bom exemplo para os nossos filhos. Doutor, vamos lá pra ilhota. É só tirar os sapatos e arregaçar as pernas das calças. A água não passa das canelas.

— Obrigado, meu amigo, mas já me demorei mais do que podia. Quero lhe dizer que me diverti muito. Como é o seu nome?

— Antonio do Nascimento.

— Tive muito prazer em conhecê-lo, Antonio. Eu sou o Presidente.

— Que presidente?

— O Presidente da República. Um imprevisto fez-me parar aqui. Para dizer a verdade, parei para dar uma mijada...

— Presidente? Credo! Você tem mesmo merda na cabeça. — O pescador, repetindo impropérios, bateu com o dedo indicador apontando para as próprias têmporas e sentenciou: — Além de ser gremista, você ainda tem alguns parafusos soltos.

O velho riu gostosamente e estendeu a mão para a despedida:

— Recomendações à dona Teresa.

O pescador, ao sentir a mão calejada apertada pela mão sedosa, viu-se um tanto encabulado.

— Desculpe, doutor. Não me leve a mal. O Grêmio é um timão... Olha, venha no próximo sábado, eu trago duas varas.

O velho deu duas batidinhas com a mão no ombro do pescador e afastou-se sorrindo. Foi quando o pescador viu os dois homens postados lá, há uns trinta metros, semicamuflados pelas ramagens, a olharem com cara de poucos amigos, e seguirem o velho que caminhava pelo caminho entre a vegetação rasteira.

O pescador pensou num assalto, embora não parecessem mal intencionados aqueles dois grandalhões de paletó e gravata. Todavia não hesitou e decidiu defender o amigo, caso fosse necessário, e correu atrás deles tão logo os três desapareceram na curva do caminho que dava para a estrada.

O carrão preto tinha um motorista ao volante. Um homem fardado aguardou que o velho se acomodasse no banco traseiro, fechou a porta e apressou-se em contornar o veículo, para entrar pela porta do lado oposto. Os homens de paletó já haviam embarcado no segundo carro, quando o roncar das motocicletas quebraram o silêncio e partiram seguidas pelos dois automóveis.

O pescador, imóvel, boquiaberto, só conseguiu gritar quando o cortejo já era um pequeno e distante ponto na reta do asfalto:

– Ei, doutor! Desculpe!

***

Eu estava pensando em casar-me. Sentia-me apaixonado, mas achava que ela defendia alguns pontos de vista dessemelhantes, um tanto liberais, talvez. Muito bonita, atraía a atenção dos homens. Amava-a hesitante, quem sabe, com medo. Será que eu era dela um tanto diferente? Ouvi o tio Alfredo.

"Você não encontrará a mulher dos seus sonhos, porque ela só existe nos sonhos. Uma imaginária alma gêmea não preencheria os seus anseios de amor, porque necessitamos de nos completar, de permitir que as diferenças confluam na satisfação das mútuas necessidades. O amor não tem lógica, é uma questão de sentido. Consulte o seu coração e vá em frente, mas tendo em conta que casamento é sempre uma travessia de Rubicão." E lá veio outra história.

Gustavo era um brasileiro de traços germânicos: desde criança, tez clara avermelhada, cabelos louros eriçados, olhos azuis.

Vanessa era uma brasileira com traços caboclos: desde pequena, cabelos pretos muito lisos, olhos de jabuticaba, pele cravo-e-canela gabrielada.

Ambos nasceram na mesma cidade de interior; ela, dois anos depois dele.

Em datas diferentes, foram batizados na mesma igreja, numa mesma hora, pelo mesmo velho pároco.

Não se encontraram quando de colo, porque o colo que aconchegava o Gustavinho era dos Müller, de empresários, gente de negócios; o que aconchegava a Vanessa era de lavradores, gente da terra.

Não se encontraram nos folguedos de criança, porque ele era da turma dos mauricinhos, os meninos que iam à matinê dos domingos metidos nas suas melhores fatiotas; ela convivia com o grupo da roça, em que os meninos tinham as calças seguras por suspensórios de pano, cada um presumindo ser dela o namoradinho.

Não se encontraram na escola, porque ele estudou no colégio das freiras; ela, na escola municipal.

Não se encontraram nas festas em que ela ia, porque estudante aplicado não vai a nenhuma.

Não se encontravam em sonhos, porque os dele tinham inspiração nos livros acadêmicos; os dela, na lua, com cenários principescos e sapatinhos de cristal.

Quando o corpo escultural da Vanessa desfilou pela primeira vez na passarela do clube local, embasbacando todos, só ele não soube da beleza que estonteava a cidade, porque Vanessa era misse e ele estudante de agronomia na capital.

Quando ele foi visitar os pais e encontrou a cidade dominada pela polêmica provinciana sobre alterar ou não o regulamento do concurso de misses para que a Vanessa pudesse ser reeleita; vivia a expectativa da colação de grau, e não tomou partido do prefeito – que era a favor do casuísmo –, nem do padre –, que era contra a mudança nas regras do concurso. A beleza da

Vanessa foi causa de um cisma político-religioso na cidade, não obstante ninguém ter ficado contra ela. Os partidários do prefeito queriam-na novamente eleita, achavam-na forte candidata a misse Brasil; os prosélitos do padre admitiam que ela foi a mais bela misse que a cidade jamais teve, mas exigiam que cada ano tivesse uma misse diferente.

Quando ela, com o coração cheio de incertezas, vivenciava amores fugazes, ele vivia a dúvida entre iniciar uma carreira na capital e regressar para a pequena cidade onde nascera.

Quando ela despertava das Mil e Uma Noites e dos sonhos de Cinderela, ele tomava a decisão de voltar a viver em Serra Pequena.

Quando ela passou a pensar em casamento, ele apareceu na cidade.

Num sábado à noite, festa de aniversário de quinze anos de donzela amiga comum às duas famílias, tudo num sábado, o capricho do destino fez com eles se encontrassem, e conversassem, e se apaixonassem. Tudo numa única noite de sábado.

Para desencanto de um sem-número de rapazes deslumbrados, os dois passaram a ser vistos: nas missas dominicais, nos bailes dançando de rostos colados, passeando de mãos dadas pelo jardim da praça. Despertavam olhares indiscretos e discretos cochichos: "É o doutor Gustavo, filho dos Müller, namorado da Vanessa. Isso não vai dar certo!"

Na eterna rainha, a beleza natural era realçada pelos vestidos simples que lhe conferiam silhueta de musa, fazendo com que os habitantes masculinos da cidade se sentissem todos escultores arrebatados pela ideia de ter ao alcance das mãos aquele modelo de curvas perfeitas.

No doutor Gustavo, alto, magro, meio cifótico, sardento, o aspecto era de um simpático doutor meio desengonçado sempre bem arrumadinho.

Meses depois, o dia 13 de agosto marcava um dos mais badalados acontecimentos sociais da cidade: o casamento entre eles. Na igreja repleta, aos mancebos apaixonados doía-lhes o cotovelo; reanimavam-se as donzelas, feias e bonitas, com o alijamento da invencível rival; reacendia-se nas mães a esperança de casar as filhas com algum dos deserdados pretendentes à mão da Vanessa. Entre um e outro padre-nosso, algumas pessoas invejosas vaticinavam: "Esse casamento não vai dar certo!" Outras, mais agourentas, se benziam: "Ainda bem que este 13 de agosto não é sexta-feira!"

Quase um ano casados, eles mostravam ser o par mais venturoso de Serra Pequena. Ela continuava a encantar a cidade, mas, alheia aos holofotes naturais que a mantinham reinando, dedicava-se com zelo ao lar e, suspiravam as solteironas, era tratada pelo esposo com envolvente carinho. Ele se acostumara aos olhares fascinados que ela despertava, de homens e mulheres, e cultivava, por isso, um orgulho pouco exacerbado, meio indiferente. Viviam as delícias de um idílio em que, justamente por serem diferentes um do outro, completavam-se repartindo entre si as responsabilidades, complementando-se as qualidades de ambos.

Certo dia, aquele contentamento rotineiro de vida de interior, aquela felicidade sossegada, tão desejada pelos que vivem na lufa-lufa das grandes cidades, foi contemplado com um contratempo que iria anuviar a sexta-feira, data do primeiro aniversário de casamento deles.

A tríplice coincidência: sexta-feira, dia 13 e mês de agosto era tida como de mau agouro pelos habitantes de Serra Pequena. A data correspondia a uma terrível enchente ocorrida na cidade há muitos anos, indelével na memória dos mais velhos, influente nas crendices dos mais jovens. E de fato, mesmo não sendo supersticiosos, os dois estavam sentindo as predições se confirmarem, porque o doutor Gustavo teria que ir a capital participar de reuniões de negócios e, por mais que se tivesse esforçado, não conseguira livrar-se daquele compromisso de trabalho. Passariam separados o primeiro aniversário de casamento. Ele estava triste, pela esposa, mas ela se mostrava resignada com o fato, parecia até mais contente do que nunca. Ao despedir-se, ele percebeu que os olhos dela brilhavam de misteriosa alegria, de certa ansiedade, e os lábios deixavam transparecer o sorriso maroto que ele sempre via quando ela brincava de lhe esconder alguma coisa. Prometeu a ela que descobriria na capital o nome das bodas de primeiro ano de casamento, já que não haviam encontrado a informação no dicionário, cujos verbetes não se importavam com a vontade que o doutor Gustavo tinha de marcar com todos os detalhes a comemoração. Na despedida, ele apertou o estojinho que levava no bolso do paletó, em dúvida se dava logo a ela o pingente de ouro. Era quinta-feira, as bodas seria na sexta, ele voltaria só no domingo. Resolveu não entregar com antecipação o presente e saiu. Olhou para trás e captou novamente o sorriso dela e se foi levando gravado na memória a expressão cândida que escondia alguma travessura.

No dia seguinte, sexta-feira, ele já estava regressando a Serra Pequena. Quando as reuniões na capital foram canceladas, ele não telefonou avisando, passou a ter como única preocupação chegar em casa antes da meia-noite para estar junto da esposa pelo menos alguns momentos no dia comemorativo. Às 23h30 estava diante da porta de casa, mas não quis tocar a campainha, para tornar ainda maior a surpresa da sua volta inesperada. Girou cuidadosamente a chave na fechadura e entrou, pé ante pé, pelo corredor às escuras, podendo notar a claridade tênue que vinha do quarto do casal. Parou quando ouviu ruídos e uma voz abafada que vinha da alcova. Voltou a avançar com os passos leves e encontrou-a na cama balbuciando palavras em sonho tranquilo, deitada de lado, a luz acesa e o ventilador de teto barulhando. Beijou-a suavemente na orelha e ela falou um nome antes de despertar completamente: "Gustavo."

Foi a comemoração mais curta de bodas que se tem notícia. Faltavam alguns minutos para a meia-noite e ele queria correr ao refrigerador e abrir uma garrafa de champanha, ainda na sexta-feira. Desvencilhou-se dos braços que o prendiam firmemente e voltou com a garrafa já aberta. Brindaram, ele deu-lhe o pingente de ouro, mas ela mal agradeceu, desviada que tinha a atenção para algo que estava ansiosa para dizer. Sentou-se ao lado dele no centro da cama, com as pernas flectidas a hindu. De novo o sorriso maroto estampado no rosto radiante:

– Também tenho um presente para lhe dar. Estou grávida! – Deliciou-se com o brilho nos olhos dele e continuou. – Vamos ter o nosso bebê. Queria dar a notícia antes de você viajar, mas não tinha certeza, o resultado do teste só saiu hoje à tarde.

Ele nada disse. Com os olhos orvalhados, deitou-se na cama repousando a cabeça sobre as coxas da esposa, pressionando a testa no ventre dela, e ficou quieto desejando um contato mental com o embrião aninhado no útero da mulher amada. Ela, também em silêncio, acariciava com as mãos os cabelos ruivos eriçados.

Do alto, as pás do ventilador faziam menos barulho e contemplavam de mil ângulos diferentes a cena dos amantes em êxtase.

***

Eu acabara de ler o Elogio da Loucura, de Erasmo de Rotterdam. Perguntei ao tio Alfredo: "A loucura, nas suas diversas formas, não seria um modo de resolver problemas insolúveis que as pessoas às vezes têm? Não é uma visão romântica geralmente inofensiva adotada como recurso para tornar a vida mais agradável, quando ela, a vida, se torna insuportavelmente desagradável? Será que, considerando a loucura nas suas mais diversas gradações, alguém dela escapa?"

O tio pensou longamente, mas não respondeu. Contou uma história.

Era a hora da intromissão no seu mundo privado. Do abominável guarda de bigode ruivo espiar pelo pequeno visor retangular da porta de aço corrediça. Depois a porta vai deslizar meio que trepidante ao longo das grades e a luz anêmica oblíqua provinda do passadiço atravessará o seu domínio e se projetará na parede garatujada ao fundo, onde as únicas sombras serão traços ortogonais e o simulacro do seu próprio corpo. A insônia ia despertando: ouviam-se batidos metálicos, passos e ordens resolutas, vozes abafadas, acolá algum palavrão menos refreado. As quatro paredes já não o oprimiam claustrofobicamente. De olhos fechados, deleitou-se com a alvorada. A sua solidão podia ver o céu. Aprendera a arremessar a vista através das grades para fazê-la flectir em ângulo reto para a direita, seguir pelo corredor e, sem que ninguém a pudesse deter, sair para o pátio de muros altos, encurvar-se para o céu azul.

Acendeu-se a lâmpada fluorescente no teto do seu mundo e a réstia que vinha de fora se perdeu. Foi-se a lembrança da infância, do facho dos caminhões que passavam à noite pela estrada de terra cascalhenta e faziam a luz entrar pelas frestas da parede de taipa e de bicho-barbeiro do quarto em que ele dormia amontoado com os irmãos, revelando a poeira suspensa no ar. Aquele gostoso aroma do pó iluminado da sua infância, que estava em harmonia com os odores da sua meninice, agora era o cheiro, próximo, dos dejetos disfarçado de sabonete barato, e, da cozinha, o cheiro horroroso de café com leite fervidos juntos até queimar na panelona de alumínio.

Logo nas primeiras semanas após a sua chegada – perdeu a noção de quando –, puseram-no a trabalhar naquela imensa cozinha barulhenta. Enfurecia-o aquele cheiro de café com leite e o vapor quente encharcando os cabelos e a roupa, impregnando com fedor de pelancas mal cozidas a sua própria pele. Nunca a Maria Clara se tinha queixado, mas quando ele percebeu que a incomodava aquela fetidez, permanente no corpo mesmo com banho de sabonete, foi à cozinha uma última vez, para jogar água fervente em todo mundo, e nunca mais o mandaram para lá.

Desde pequeno preferia o burburinho do céu à monotonia barulhenta de casa, sua mãe a esganiçar com gargarejo de catarro. Ao contrário do céu, aqui embaixo há os veículos todos parecidos, estacionados militarmente uns atrás dos outros, ou chispando na rua também em colunas disciplinadas feito carreira de formigas desaparecendo no túnel; e pessoas transeuntes indiferenciadas, plantadas multiformes à semelhança de hortaliças em canteiros baldios. No desarranjo do céu ele tinha todas as personagens dos seus sonhos. E Maria Clara. Era nas nuvens que amava a Maria Clara. No céu era mais fácil lutar contra a tentação da infidelidade, podendo afastar gentilmente as que disputavam o amor dele: a Demi Moore, a Gisele Bündchen, a Mulata Globeleza, as outras menos famosas, mas não menos belas que o assediavam. Mantinha-se absolutamente fiel à Maria Clara. Na companhia de Maria Clara, ele passeava de carruagem real pelas nuvens e fazia mesuras ao ajudá-la a descer do coche dourado. Era a Maria Clara que, com a mão em concha, protegia os olhos do sol para ver orgulhosa as acrobacias do caça supersônico que ele pilotava com a habilidade dos ases norte-americanos nos filmes de guerra, usando aquele macacão grosso com a caveira nas costas e os óculos de enormes viseiras azuladas. Tratava-se do treinamento que ele fazia para a viagem à Lua, com a condição, a contragosto dos generais, de levar junto a Maria Clara.

À noite, depois de velar o sono da Maria Clara nos acolchoados de nuvens brancas, ele descia para fazer justiça. Ora como *superman*, a rondar o espaço aéreo da cidade ou emborcando no deserto tanques invasores, que ficavam inativos nos campos de batalha, com as lagartas movimentando-se inutilmente tal e qual patas de barata dedetizada. Ora como homem invisível, a castigar políticos flagrados nas tramas das antecâmaras da corrupção. Ora como o Zorro, punindo os responsáveis por delitos noturnos, dando bons exemplos às crianças de pijama que chegavam à janela para vê-lo extasiadas desaparecer nas sombras, deixando para trás um "Z" inscrito em algum painel de propaganda iluminado, ou nos fundilhos de forasteiros que apareciam atrevidos ousando perturbar a paz do lugar. Nas suas rondas não poupava da morte o sequestrador assassino, o traficante de drogas que viciava os jovens, o Bin Laden. Às vezes, movido por compaixão, suavizava a pena, voava levando suspensos pelo cangote, um em cada mão, bandidos para ilhas longínquas desabitadas. As suas aventuras de herói de historias em quadrinhos eram segredo, mas às vezes tinha a impressão de que a Maria Clara sabia de tudo, quando o fitava com aquele olhar brilhante de orgulho dele, desconfiada, sem nunca perguntar. Nas noites em que ele não ia para as nuvens, que se devia inteiramente a compromissos inadiáveis, era ela que aparecia primaveril, colocando-se ao seu lado, sem queixumes, sem indagar por quê.

Maria Clara era sempre a mesma no céu que vivia mudando encarneirado de nuvens vadiantes. Ele também mudava à semelhança do céu. A cada amanhecer deixava de ser ele próprio, a cada momento seus pensamentos arredavam, assim como a água que corre no rio é sempre outra. Ele é o que é somente quando pensa como é. Se pudesse recomeçar, voltar ao ventre materno, também passaria a ser outro, com diferentes combinações de genes. Como seria a sua vida hoje, se as suas escolhas tivessem sido outras? Seriam outras as nuvens dos tempos, novos arranjos no céu. Pensaria de outro modo, portanto não seria o mesmo, forjado por outras conjunturas. O pai não o teria feito passar pela vergonha de postar-se nu diante de uma prostituta que ria do seu constrangimento. Não teria vivido a dor – que ainda dói – do beliscão que a professora lhe aplicara na barriga tesa de criança subnutrida. Não teria ouvido o riso de todos na igreja no momento sagrado da sua Primeira – e última – Comunhão, quando o padre ralhou com ele pela sua inabilidade em apanhar a hóstia com a língua, pondo fim a uma fé que já era vacilante. Não teria conhecido a Maria Clara.

Que leituras teria feito se renascesse, começasse uma nova vida? Lembrava-se das primeiras letras lidas no rótulo da garrafa de guaraná; da placa desbotada balangando o nome da Lojas Pernambucanas; de uma revista velha na casa do amiguinho, que trazia em letras grandes o nome Tico-Tico. Teria dado uma resposta altiva ao professor de Português... Quando o professor elogiou publicamente a redação que fizera, o rubor que continua a queimar as suas faces não foi porque os meninos – tão tímidos quanto ele, mas sempre dispostos a chacotas na hora do recreio – o chamaram de mentiroso; foi porque ele não soube dizer ao professor quem era Emerson. O professor lhe perguntara o que ele lia e ele respondeu que lia Emerson. Depois da aula, andando cabisbaixo e ressentido pelo caminho de casa, ele ia explicando em voz baixa a um imaginário professor a sua história. E ainda hoje se esforça em convencer de que realmente estava lendo o Emerso àquele professor de Português, de que o livro do Emerson era o único que tinha para ler, foi a tia que lhe dera – a tia possuía uma pensão e um dos hóspedes fugiu sem pagar a conta, deixando para trás uma mala com livros. Lá estava o Emerson.

Agora os livros lhe foram proibidos. Por quê? Alguma ideia daquele psiquiatra idiota? Melhor, sobra-lhe tempo para pensar, viver piqueniques com a Maria Clara, de flor nos cabelos; os meneios sensuais dela nos caminhos relvados, em sintonia com o trinar dos pássaros. Certa vez, acampados no inverno nevando à beira de um lago, a fogueira apagou-se, seus fósforos molharam-se, ele andou meio perdido por vários quilômetros de volta com a Maria Clara nos braços, um esforço brutal, queixo a bater, ela dizendo que o amava, com os lábios congelando e as palavras de gratidão embaralhando-se. Quando foram socorridos naquela planície nevada, ele teria preferido morrer abraçado a ela, como da vez em que, remando rio acima para salvar a Maria

Clara das águas encapeladas que iam cair na penhasqueira, pensava em largar os remos e deixar-se arrastar pela correnteza no barco com ela, cair suavemente na catarata, ganhar o mar, para se amarem nas águas tranquilas todas as noites, tendo só a lua como testemunha cúmplice.

Passaram-lhe pelas grades o pão com manteiga amanhecido e o fedorento café com leite na caneca amassada. A porta voltou a fechar-se, correndo vacilante. Mais tarde, quando ele estivesse ouvindo a algazarra dos outros no pátio ensolarado, o guarda de bigode ruivo o espiaria pela janelinha desconfiado, querendo surpreendê-lo com a Maria Clara.

Não se importava em permanecer de castigo sem banho de sol. Não gostava do pátio, onde todo mundo perguntava pela Maria Clara. Estava sendo privado de sol no pátio porque esgoelou aquele cara chamado Paulão, que se referiu à Mara Clara de modo obsceno. Era melhor mesmo ficar sozinho. Diziam que ele era perigoso. Perigoso é o guarda de bigode ruivo. Perigoso é aquele cara-de-índio que estava ali porque matou a mulher amada. Como pode alguém matar a pessoa que ama? O guarda de bigode ruivo, sim, esse sim, ele vai matar. Porém é diferente, trata-se de proteger a Maria Clara dos olhares furtivos de voyeurismo.

Permaneceu ali sem ansiedade esperando o anoitecer, passar a manhã de sol e chegar a tarde de visitas para os otários que expunham suas mulheres aos olhares indiscretos uns dos outros. Pobres-diabos, caras tostadas, a esconder corpos branquelos e a dor que sentem quando as visitantes vão embora.

Depois do crepúsculo – que a sua visão de quebrada permite contemplar todos os dias –, antes da luz fluorescente se apagar no teto, ele, deitado e fingindo-se adormecido, espera. Vê o bigode ruivo aparecer desconfiado na abertura retangular da porta, e depois ouve as passadas de coturno se afastarem.

A luz do teto se apaga. É noite. Tudo vai adormecendo.

Passos descalços de balé, quase imperceptíveis aproximam-se, furtivos, graciosos, lascivos. É a Maria Clara que vem.

***

Eu me encontrava em Atenas quando um jovem grego perguntou-me: *"Where are you from?"* Quando eu me revelei brasileiro, ele saracoteou desajeitadamente e exclamou: "Oh, carnaval!"

O carnaval do Rio de Janeiro é a maior festa profana do mundo. A folia momesca na Bahia começa semanas antes do carnaval e se prolonga semanas após. O frevo leva milhões à loucura em Recife. Os gregos nem sabem que a festa junina na Paraíba é animada com muito forró durante um mês inteiro, e que Corinthians campeão é sinônimo de folia alucinante em São Paulo. Por coisas como essas, em muitos países se supõem que o brasileiro é um povo extraordinariamente feliz. Mas pesquisas demonstrando que um terço dos brasileiros se diz infeliz, revela que nesse quesito estamos distantes dos povos que, embora mais circunspetos, se sentem muito felizes, a exemplo dos austríacos, dos finlandeses, dos suecos e dos noruegueses. Somos alegres por índole, mas uma população com mais de 10 milhões de analfabetos. Relatórios da UNESCO mostram que a posição do Brasil no Índice de Desenvolvimento Educacional está entre as piores do mundo A desigualdade social em nosso país é desumana: cerca de 30% das famílias brasileiras ganham menos que o necessário para uma alimentação suficiente, a previdência social é precária na concessão de benefícios e de assistência à saúde, e o déficit habitacional brasileiro é de quase seis milhões de domicílios, segundo revelação do governo em 2010.

Eu sofria de uma labirintopatia conhecida como síndrome de *Ménière*, uma afecção caracterizada por crises de vertigem, náusea, vômito e zumbido nos ouvidos. Por isso a minha esposa carregava na bolsa um *kit* contendo seringa e ampolas para aplicar-me uma injeção quando a crise sobrevinha. Estávamos em Barcelona, numa loja de departamentos, e de repente vi o mundo girar em todos os sentidos, corri para um sanitário reservado a deficientes físicos, abracei-me numa pia para não cair e ali permaneci agarrado em esforços vomitivos involuntários, assustando os funcionários da loja, que insistiam para que chamássemos uma ambulância. Minha esposa esquecera o *kit* no hotel. Entre esperar por uma ambulância que demoraria a vir – ou que nem viria – e aguardar que a crise passasse, optei por essa segunda alternativa, mas depois de mais de uma hora de agonia concordei que fosse pedido socorro médico. A ambulância chegou poucos minutos após o telefonema. De início os dois paramédicos acreditaram que eu estava alcoolizado, mas as explicações da minha esposa desfizeram o equívoco e imediatamente eles entraram em contato por rádio com o hospital avisando que tipo de paciente estava sendo levado para lá. No setor de emergência do hospital, estavam me esperando, fui prontamente atendido e a crise foi debelada. Liberado após meia hora no leito em que fiquei em observação, soube estupefato que havia sido atendido num hospital da rede pública. Eu possuía seguro com direito a ser atendido num hospital particular, mas como a minha esposa não mencionou esse fato aos paramédicos, fui conduzido a um hospital que atende os habitantes locais pela previdência social. Por ser turista, não amparado pela assistência social da Espanha, cobraram-me cerca de 50 dólares. Um barcelonense teria sido atendido com a mesma rapidez, assim como é na França, onde a saúde pública é impecável

Recorri ao tio Alfredo:

"Por que no Brasil se é tão mal atendido nos estabelecimentos públicos de saúde? Não é contraditório esse permanente estado de euforia em que vive o nosso povo? Somos realmente felizes?"

"Falta aos brasileiros atitude, propósito, determinação" ele disse. E continuou:

"É errônea a ideia de que o povo brasileiro é feliz. Embora as festas continuadas, em todos os estudos feitos sobre o tema felicidade o Brasil não aparece entre os 50 melhores países para se viver. A Dinamarca, por exemplo, menor que o Estado da Paraíba, tem um nível de vida elevado, distribuição de renda igualitária, e é considerado um dos países mais bem colocados nos levantamentos globais de felicidade do povo. O que diferencia os brasileiros do povo dinamarquês? As atitudes."

Lembrei-me de que eu já ouvira isso dele, quando lhe falei sobre uma experiência que vivi em Viena. O semáforo estava fechado para mim, mas quando houve uma brecha no trânsito eu peguei na mão da minha esposa e atravessamos numa corridinha a avenida. Quando olhei para trás, notei que as demais pessoas continuavam aguardando o sinal verde, o que me deixou um tanto constrangido.

"Aquelas pessoas que você viu cumprindo a lei eram austríacas", disse-me o tio Alfredo. Na Alemanha, um carro para de madrugada ante a luz vermelha do semáforo, mesmo quando não há outro veículo para o cruzamento; e nas estradas alemãs não há limitação de velocidade. Atitude."

Desta feita eu exigi que ele me explicasse mais claramente o que queria dizer com "atitude". Ele prontamente começou a falar.

"Do mesmo modo que os motoristas devem observar os sinais de trânsito, o pedestre também. No Brasil, como em muitos países de povo mal-ensinado, cresce o número de pessoas que, quando tiveram a sorte de sobreviver no desastre de tráfego, exibem sequelas decorrentes: dores físicas e emocionais pelo resto da vida, paraplégicos nas cadeiras de rodas, tetraplégicos condenados ao leito definitivamente, mutilados exibindo as consequências de um acidente que poderia ter sido evitado. Excesso de velocidade, malcriadez, descumprimento das leis. Esses redutores de velocidade ou lombadas, conhecidos também como quebra-molas – porque podem danificar os veículos –, não existiriam se as indicações de limite de velocidade fossem obedecidas. Somos penalizados porque o nosso comportamento irresponsável faz com que as autoridades de trânsito tomem essas providências que atrasam os nossos deslocamentos. Os entraves burocráticos com que nos deparamos na administração pública são para impedir que indivíduos tirem vantagens exclusivamente para si de bens comuns. Leis são para proteger equanimemente os cidadãos, mas, paradoxalmente, muitos deles são contrários às leis."

"Nunca soube de alguém que fosse contrário às leis", protestei.

"Pois você é um desses cidadãos", ele continuou. "Você dá sinal de luz na estrada para prevenir os motoristas que vem em sentido oposto de que a polícia rodoviária está à espreita depois da curva. Por que você obstaculiza o trabalho da polícia? Se o motorista que você está alertando dirige com excesso de velocidade, ele está descumprindo a lei, colocando em risco a vida de pessoas. Por que você se comporta como cúmplice dele? Esse motorista infrator é o mesmo que avança sinal vermelho, dirige após consumir bebidas alcoólicas, utiliza-se indevidamente de estacionamento reservado a idosos e deficientes físicos, fala no celular enquanto dirige, detém-se sempre invadindo alguns centímetros a faixa de pedestres."

"Alguns centímetros? Puxa, que exagero!", ironizei.

"Delito é delito, grandes, médios e pequenos", ele disse. "A inobservância de pequenas regras quebra os mais importantes códigos de boa convivência. Quando se cometem pequenas falhas e elas não são sancionadas, a desordem impera e evolui para delitos maiores. Na década de 80, a insegurança no metrô de Nova York havia se tornado insuportável e o aumento das medidas de policiamento não resultavam na diminuição dos crimes graves, até que se começou a combater as pequenas transgressões: pichação, sujeira, evasão de pagamento de passagens, pequenos distúrbios e furtos. O metrô tornou-se um lugar seguro. Em função desse resultado, em 1994 o prefeito adotou a famosa política de 'tolerância zero' na cidade e conseguiu uma drástica redução dos índices criminais."

"Isso não é violência ditatorial?" perguntei.

"As ações que resultam em bem para a população como um todo não são absolutistas. A intolerância em relação aos pequenos delitos cria comunidades limpas, ordeiras e respeitosas das leis, estabelecendo uma feliz convivência social humana. Os centros urbanos na

França são limpíssimos, e mesmo lendo diariamente jornais franceses durante uma semana inteira, provavelmente você não encontrará notícias sobre assalto à mão armada."

"Lugares são sujos porque são pobres?" indaguei. "É neles que predomina a violência?"

"Algumas pequenas cidades brasileiras são limpas, bonitas, agradáveis de ver e de se viver, sem serem necessariamente ricas. Nelas não se nota vandalismo, até as guimbas de cigarro são atiradas cuidadosamente nos recipientes coletores de lixo, as flores zelosamente preservadas abundam nas vias públicas, enquanto que as ocorrências policiais são insignificantes."

"Vejamos se algumas das suas atitudes são diferentes das dos dinamarqueses" – continuou.

"Você compra artigos pirateados? Fecha uma torneira que foi deixada pingando, ou desliga uma lâmpada que foi deixada acesa, mesmo que não seja na sua casa? Coloca no lixo a goma de mascar que descarta? Contribui para que o lixo reciclável seja aproveitado? Evita incomodar com ruídos de buzinas e equipamentos de som? É pontual, assíduo? Toma a chuveirada antes de entrar na piscina? Se você não observa essas particularidades, provavelmente também risca a porta do elevador e pisa de propósito no cimentado que está secando". Depredações resultam em aumento de custos que todos, inclusive o depredador, por eles tem de pagar."

"Se para ser feliz temos de nos comportar observando todas essas insignificâncias – eu disse –, é impossível ser feliz."

"Para os suíços não é." ele acrescentou imediatamente.

"Só os países mais desenvolvidos são felizes?" – perguntei com uma pitada de ironia.

"Não se trata de países" – ele falou. "Trata-se de povo. Se os cidadãos de um modo geral não são corretos, os políticos dificilmente o serão. Os governantes são amostragem representante de um todo, e o que esperar deles se tirados de um saco de feijão carunchoso?"

Em seguida o tio contou-me esta história:

Era uma vez Paradoxo, um Estado que não dava certo. O oráculo protetor de Paradoxo abriu uma Comissão Providencial de Inquérito para que descobrisse as causas das mazelas de Paradoxo. Essa CPI era constituída por dois serafins, um do PRO (Posicionamento Radical Ortodoxo) e o outro do CONTRA (Coesão Nacional Transigente).

Alfim e Belfim, os dois serafins, não demoraram a apresentar o relatório com um diagnóstico conclusivo taxativo: "desgoverno". Não existia em Paradoxo, um único cidadão capaz de bem governar o povo daquele país de incomensuráveis riquezas de subsolo, de solo fertilíssimo, de água abundante, de clima benfazejo. O paradoxo era socrático: consistia na ignorância do governo. Não se fazia o mal voluntariamente, mas por ignorância, isto é, os governantes de Paradoxo não eram maldosos, eram estúpidos.

Alfim sugeriu que Paradoxo fosse entregue ao domínio de algum outro Estado, de um desses Estados cuja ideologia preconiza o fim da pobreza e felicidade para todos.

Belfim aconselhou que fosse convidado um notável estrangeiro para governar Paradoxo.

O oráculo, depois de analisar o relatório da CPI e alisar a longa barba, decidiu: uma criança paradoxense será educada para governar Paradoxo. Ela será procurada assim como se busca um novo Dalai Lama.

"Um cidadão comum?" perguntaram os serafins. "Como será ele alçado ao Poder sem consulta ao povo?"

"Deixai isso comigo", respondeu o oráculo. "Um conselheiro de príncipes já deixou claro, certa vez, que os homens mudam de senhor com prazer, pois acreditam que será para melhor".

Dentre milhares, saiu de uma aldeia de pescadores a criança selecionada: um menino de nome Gamafim, inteligente, dócil e ingênuo, filho de jangadeiros. Os pais nem sequer sabiam o nome do prefeito do município, pois estavam em alto-mar quando saía o jornal da manhã; no tapiri classificando peixe quando do noticiário das oito; e dormindo quando da edição das dez.

Os dois serafins designados preceptores foram chamados para uma preleção, na qual o oráculo deixou por bem recomendado cinco preceitos a serem obedecidos:

1. Por mais difícil que se apresentasse a missão, os serafins jamais deveriam perder a cabeça.

2. Teriam de se infiltrar na aldeia como gente comum, porque um futuro governante não deve acreditar em forças ocultas.

3. O menino Gamafim deveria ser elevado a uma altura que lhe permitisse contemplar a multidão, sem perder de vista o indivíduo, mas suficiente para que se lhe diminuísse a importância dos conceitos de esquerda, centro e direita.

4. Que fosse ensinado ao aprendiz, com muito rigor, ciências contábeis e administração financeira, para que ele nunca viesse a ser enganado por tesoureiros.

5. Que o futuro governante incorporasse desde cedo a aceitação de possuir uma esposa, uma secretária, um genro e um motorista, porém sem confiar em nenhum deles.

Após anos de trabalho educativo com o menino, os dois serafins se desentenderam e voltaram ao oráculo para se queixarem, não do aprendiz, que estava fazendo um rápido progresso, mas um do outro, mestres que não entravam em consenso sobre a melhor técnica para preparar um futuro governante. O problema era que quando Alfim ensinava que homem não chora, Belfim alertava que quem não chora não mama. Um censurava a mentira, o outro dizia que é melhor uma mentira que traga um sorriso do que uma verdade que traga uma lágrima. Um ensinava cautela com as novas experiências, o outro fazia apologia do risco, afirmando que não se pode saber, se não se tenta. Um recomendava fazer somente o que se gosta, o outro aconselhava a gostar do que se faz. Um afirmava que a virtude está na bondade, o outro dizia que ser bom é fácil, difícil é ser justo.

A alegação dos serafins era de que não podiam trabalhar juntos, por isso propunham que um deles fosse afastado da missão, para acabar com as discordâncias que confundiam as ideias do educando. O oráculo censurou veementemente a ambos, advertindo-os de que estavam descumprindo a regra número um: não perder a cabeça.

"Voltai ao trabalho", ordenou o oráculo. "Conscientizai-vos da grandeza da vossa missão. Cabe a vós criar um grande líder sem, porém, perder a cabeça. Sede como o palito de fósforo, que só perde a cabeça se for para atingir um objetivo maior que conservá-la."

Os serafins regressaram envergonhados e resignados para a aldeia, mas durante os anos que se seguiram continuaram discordando entre si, trocando farpas e se hostilizando em todas as oportunidades.

Alfim atacava: "Tolo é quem não sabe e não sabe que não sabe".

Belfim alfinetava: "Onde estão os tolos e os sábios? Todos somos aprendizes e, sem ideias fixas ou preconcebidas, deixamos para trás as nossas verdades e abraçamos opiniões mais prováveis à medida que nos instruímos, que absorvemos os bons exemplos, que vivenciamos experiências."

Belfim: "Cultura adquire-se durante a vida com a instrução."

Alfim: "A sabedoria é que importa. Cultura não significa sabedoria."

Alfim: "Temos de ser inteligentes para conhecer os assuntos fundamentais."

Belfim: "Quais são os assuntos fundamentais? O campeão mundial de xadrez é inteligente, não necessariamente sábio. Somente o sábio é capaz de identificar as coisas importantes"

Alfim: "Bobagem"! As prioridades são instáveis, variam conforme as fases da vida e as mudanças nas condições ambientais.

As contínuas contestações tinham mais um cunho de provocação que se faziam os mestres, do que a intenção de esclarecer o discípulo. As controvérsias já aborreciam Gamafim, mas ele também se divertia incitando os serafins à polêmica, provocando-os:

"A sabedoria nos chega quando já não serve para nada."

"Se liberdade for fazer o que se quer, não existe liberdade."

"Cristo ou cristianismo?"

Adulto e instruído, Gamafim passou a fazer sucessivas perguntas, não no intuito de aprender, mas para direcionar e restringir as questões e livrar-se das divergências intermináveis entre os seus preceptores.

Gamafim: "Eu vou morrer?"

Alfim: "Mais cedo ou mais tarde, tão certo como é certo que estás vivo. Todos os seres nascem, evoluem, atingem o apogeu, involuem e morrem. Como dizia Sêneca, a vida é um aprender a morrer".

Belfim: "Mas morrer não é deixar de existir. O princípio inteligente permanece avançando em direção da Inteligência Suprema."

E coisas dessa natureza levavam os dois serafins a acalorados debates, que só terminavam quando eram interrompidos com uma nova e providencial pergunta formulada pelo esperto Gamafim.

Gamafim: "Devo crer no destino?"

Alfim: "Sim, é o futuro, aquilo que acontecerá a alguém, fatalmente. Decorre do carma, a lei de causa e efeito ou lei da justiça divina."

Belfim: "Podemos a qualquer momento alterar os rumos da nossa existência, mesmo que seja através do mais simples ato. Para isso foi-nos conferido o livre-arbítrio. Colhemos o que semeamos, a nossa colheita define o que passamos a possuir: se o trigo que alimenta, ou se o espinho que nos vai ferir."

Gamafim: "Por quem devo me apaixonar?"

Alfim: "O teu coração te dirá."

Belfim: "Não deixes os sentimentos se sobreporem à razão. Um pássaro pode apaixonar-se por um peixe, mas aonde irão construir o ninho?"

Gamafim: "Sonhei com meu pai e tive a sensação muito nítida de que ele estava presente a me dar conselhos. Os mortos nos falam?"

Alfim: Não!

Belfim: "Teu pai sempre falará contigo através do amor e de tudo que te ensinou". As nossas convicções não são afetadas apenas pelas pessoas vivas, mas também pelas que já morreram. Estas continuam a nos falar pelas histórias das suas vidas, pelos exemplos dignificantes que deixaram. Livros que leste, dos quais nem sequer te lembras, influenciam as tuas ações. O caminho que trilhas foi desbravado por teus antecedentes. O que fazes é simplesmente imitar, repetir experiências. O que poderá te fazer grande é a capacidade de acrescentar às imitações.

Gamafim: "O trabalho é sempre recompensado?"

Alfim: "O trabalho está nas leis da natureza, mas nem sempre a recompensa recai sobre aquele que trabalha".

Belfim: Henfil é quem está com a razão: "*Se não houver frutos, valeu a beleza das flores. Se não houver flores, valeu a sombra das folhas. Se não houver folhas, valeu a intenção da semente.*"

Gamafim: "Todos podemos ser felizes?"

Alfim: "Sim, basta querer. Felicidade independe de êxito, sucesso. É um estado de espírito."

Belfim: "Muitas pessoas não têm o que comer, não têm saúde, não têm casa, não têm dinheiro, não têm família, não têm segurança, não têm agasalho, não têm amor, não têm esperança". Que estado de espírito podem ter?"

Gamafim: "A minuciosidade é uma virtude?"

Alfim: "A valorização da 'parte' desvaloriza o 'todo'". A enfatização da 'parte' mutila, desequilibra, impede a visão do todo. 'Partes' não existe senão como unidades naturais evoluindo no processo de integração, de complexidade crescente.

Belfim: "A arte não existiria sem a meticulosidade. Gênio é aquele que percebe os detalhes e cria: é o escultor, o pintor, o músico, o escritor, o cientista que inventa a partir do conhecimento das particularidades."

Gamafim: "Que devo fazer para tornar-me um sábio?"

Alfim: "Estudar, estudar, estudar, e aprender tudo."

Belfim: "Não se aprende tudo. É o 'só sei que nada sei', de Sócrates."

Com o passar do tempo, Gamafim ia manifestando cansaço e rebeldia. O menino dócil e ingênuo desaparecera; nele nem mesmo o jovem aplicado ainda existia. Certo dia os serafins ouviram contentes de Gamafim um murmúrio: "Só sei que nada sei." Mas tornaram-se preocupados com o protesto que veio a seguir: "De nada vale o que me é ensinado."

Gamafim: "Para que aprender muito? Qual é o limite? O que é essencial para o conhecimento?"

Alfim: "Sem entender tudo do mundo que o cerca, o homem perece."

Belfim: "Grandes são os seres humanos que, conhecedores dos seus limites, enxergam como finitas as suas possibilidades".

Gamafim: "Sinto-me aflito porque sei que não sei. Eu estava melhor quando não sabia que não sabia. Meu pai não aprendeu ler e escrever e era muito feliz. Possuir o domínio dos meios de sobrevivência no mar, conhecer uma madeira de lei, distinguir uma serpente venenosa de uma não venenosa, saber qual fruto silvestre é comestível pode ser mais importante que todos os vossos conhecimentos somados. Pobres-diabos, não sabeis sequer nadar."

A grande crise entre os serafins – que a estas alturas odiavam-se – irrompeu quando não se mostraram hábeis dissimuladores diante de uma pergunta formulada por Gamafim.

Gamafim: "Dissimular é preciso?"

Alfim: "A mentira tem perna curta. Podes enganar alguns por algum tempo e muitos por pouco tempo, mas é impossível enganares todos o tempo inteiro. O fingimento sempre se volta contra o falso, porque é contrário à realidade."

Belfim: "Quem engana sempre encontrará quem se deixa enganar. A dissimulação é uma arte, a maior das virtudes de um governante. Os faraós tinham que parecer deuses; os imperadores romanos já sabiam que mais importante que ser honesto é parecer sê-lo. Um futuro governante não pode ter todas as qualidades, mas é preciso aparentar possuí-las. Comandar é ficar sozinho, mas há que se ter como companhia os próprios segredos."

Gamafim: "Mas eu não comando, não sou faraó, não sou imperador, não sou príncipe, não sou governante."

Alfim: "Mas estás destinado a sê-lo."

Belfim: "Serafim desastrado! Veja o que você revelou! Vou contar ao oráculo!"

Gamafim: "Serafim"?... Oráculo?...

Alfim: "Serafim desgraçado! Você acaba de revelar a existência do oráculo! Vou contar ao oráculo!"

Não foram. Temiam o oráculo. O oráculo em nenhum momento ordenou para ser informado sobre tudo o que acontecesse. Além disso, deixara bem entendido que nenhum dos dois deveria perder a cabeça.

Manter um pacto para esconder a verdade ao oráculo não foi difícil, a dificuldade foi explicar tudo a um Gamafim que exigia inteirar-se completamente da trama. Porém o mais penoso para os serafins viria depois, quando Gamafim, percebendo que os tinha na palma da mão, foi se tornando mais intolerante, até revelar-se autoritário e, finalmente, tirânico.

Os pobres serafins só pensavam na ira do oráculo, se ele descobrisse o que estava ocorrendo. À medida que iam se tornando mais subjugados pelo discípulo, mais aterrorizados ficavam.

Gamafim tornara-se prepotente. Refutava todos os ensinamentos.

"Platão? Sonhador pueril."
"Maquiavel? Bajulador oportunista."
"Marx? Vendedor de ilusões."
Ironizava quando se lhe referiam aos grandes estadistas: "Políticos? Desprezíveis!"
Não aceitava sem contestar uma só tentativa de doutrinação. Escandalizava os dois mestres com frases de efeito: "Serei como Agostinho: enquanto não vier a conversão que me fará viver as realidades do espírito, vou desfrutando os gozos do mundo."

Os livros censurados pelos serafins eram agora avidamente lidos pelo discípulo. Temas religiosos eram bruscamente rechaçados: "É ridícula essa polêmica em torno de textos sagrados."

Finalmente os serafins não tiveram como deixar de declarar Gamafim suficientemente preparado. Gamafim foi considerado pronto e, tendo como padrinho político o oráculo – experiente articulador, com trânsito invisível livre pelos meandros partidários –, sob aclamação popular foi guindado ao poder.

O dia da posse foi de esperança nacional.

No discurso, o povo foi saudado pelo novo mandatário com um gesto meio desajeitado feito com o braço flectido, que a intriga oposicionista interpretou como tendo sido uma "banana".

Os serafins sentiram-se aliviados por Gamafim ter assumido o poder, mas intrigados porque o oráculo sumira misteriosamente.

O primeiro ato do novo mandatário foi coroar-se rei e a sua amante, rainha.

No segundo ato, designou o seu futuro filho Delfim.

No terceiro, mandou decapitar Alfim e Belfim.

* * *

Numa madrugada de outono a minha mãe morreu. Dormindo. Quando toquei o cadáver frio, perguntei-me o que era ela agora. Um nada? Para onde foi aquela católica fervorosa devota de Nossa Senhora Aparecida? Entrei numa igreja e orei por ela, sentindo-me culpado pela minha fé claudicante. O que fazer quando a religião não conforta? Se for necessário esforço para crer em Deus, então não se está realmente crendo em Deus. Manifestei as minhas incertezas ao tio Alfredo.

"O que é, tio, para mim, Jesus Cristo?"

E ele falou comigo segurando as minhas mãos.

"A fé de bilhões de pessoas não tem incluída a figura de Jesus Cristo, nem por isso esses adeptos de crenças não cristãs são pecantes. A tradição religiosa judaica é baseada no Antigo Testamento, que não menciona Jesus. Os islamitas têm em Maomé o verdadeiro e último Profeta de Alá, enquanto que Jesus é considerado apenas um dos muitos profetas que teriam existido antes de Maomé codificar o Corão. Os budistas não veneram Jesus, assim como os hinduístas, que têm como fundamento teórico a fé em um panteão de numerosos deuses."

"Mas – retruquei –, eu sinto necessidade de crer em Deus nos moldes que me passaram meus avós, meus pais e as pessoas que me têm cercado nesta vida."

Meu tio continuou.

"A fé em uma ordem de natureza superior ajuda a pessoa a dar um sentido à vida e manter a esperança na adversidade, desde que a crença existencial não seja negativa para o indivíduo, o que pode ocorrer quando ele encara as circunstâncias adversas como sendo um castigo divino e pensa que Deus deve fazer algo para modificá-las. Algumas doutrinas religiosas e filosofias orientais podem ser uma boa opção para você. O deísmo, a doutrina religiosa que crê na existência de Deus, mas rejeita toda revelação divina e a autoridade de qualquer Igreja, também tem sido uma solução espiritual para muita gente. Seja como for, com ou sem fé religiosa, as dores inevitáveis pelas quais passamos não devem permitir que sejamos levados ao desânimo. Estude a obra de Allan Kardec, ela poderá lhe fazer bem. Os espíritas sentem-se confortados crendo que não somos seres humanos passando por uma experiência espiritual, mas seres espirituais passando por uma experiência humana. Há ainda a opção pela proposta de Deus do postulado dos Fatores Naturais."

Ao longo de nossas conversas, o tio Alfredo, em várias ocasiões, abordou conceituações contidas no postulado dos Fatores Naturais. Desta vez pedi-lhe e ele passou pacientemente a descrever-me esse postulado, o qual fiz constar como apêndice no final deste livro.

Despertou-me grande interesse essa nova concepção de divindade, mas por mais que eu insistisse, o tio recusou-se a discuti-la. Disse que eu poderia ter o postulado como uma última história contada por ele. E acrescentou:

"Os assuntos espirituais que começam a despertar o seu interesse não podem ser simbolizados por uma história melhor do que qualquer uma das que aparecem nos textos sagrados de cada povo, as quais já foram mil vezes contadas e enfeitadas pelo cinema e pela literatura religiosa. Não deixarei de continuar respondendo aos seus questionamentos, mas cabe-lhe descobrir que as respostas para as suas perguntas de cunho espiritual estão dentro de você mesmo. E não se esqueça: toda manifestação de pensamentos deve ser recebida com espírito crítico. A nenhuma proclamação – inclusive as contidas em livros sagrados – deve-se atribuir valores indiscutíveis."

A partir de então, comecei a lhe fazer perguntas cujas respostas me iam fazendo entender melhor o postulado dos Fatores Naturais, que o meu tio afirma contemplar Deus, embora não com sentimento religioso, e conter as mesmas questões que as religiões tentam responder.

***

Alguns conceitos emitidos doravante estão baseados no postulado dos Fatores Naturais, que aparece como apêndice no final do livro. Preferindo, o leitor poderá antecipar a leitura do apêndice, mas não necessariamente, se inteirar-se das definições abaixo.

Postulado dos Fatores Naturais – Aborda a compreensão de um mundo que está em estado de fluxo criativo cíclico, porque o

Deus Permanente, que cria tudo, cria o Deus Impermanente (as suas criaturas), que evolui para o Criador, portanto para tornar-se o Deus Permanente, que cria tudo.

Criaturas – Todos os seres: matéria inanimada, vegetais, animais, homem e os em estados evolutivos supra-humanos.

Vontade Primordial Criadora – É a totalidade dos Fatores Naturais (Deus).

Fatores Naturais – São porções infinitesimais da Vontade Primordial Criadora, que conferem qualidade às criaturas.

Atmã – É um agrupamento de Fatores Naturais – com especificidade biológica –, um princípio essencial de todos os seres vivos, que se mantém após a morte do indivíduo. Pode ser definido também como alma, mas não é o principio espiritual atribuído exclusivamente ao homem.

Ser-FH – Ser humano.

Ser-FI – Criatura iluminada imediatamente acima do ser-FH na cadeia evolucional, é um elo entre o ser humano e seres mais evoluídos, portanto uma entidade não pertencente à Humanidade.

Ser-Fn – A sequência de todas as criaturas mais evoluídas que os seres-FI.

Ser-F∞ – Deus.

***

01. **Você é o meu anjo da guarda?**

Os seres-FI nos inspiram seguir o caminho do bem. A sensatez manda ouvi-los, mas não é virtuoso transferir as nossas responsabilidades para deuses, espíritos protetores e outras entidades místicas velando sobre cada um de nós. O mundo está cheio de gente pensando que infortúnios se dão por descuidos de pretensos guardiões celestiais.

02. O que sou eu?

É uma consciência que não se apaga. É a fração divina que habita em todas as criaturas, maior ou menor conforme a quantidade de Fatores Naturais acumulados. Provisoriamente é uma entidade humana, algo que evoluiu pelas experiências de vidas anteriores e que continuará evoluindo em pós-vidas. Assim, você não era o que é hoje, e não será sempre o que é agora.

03. Sou imperfeito?

Incompleto. Como poderia ser imperfeito o que é uma fração de Deus?

04. Como me completo?

Sabemos quem somos, mas comumente não sabemos o que podemos ser, por isso sucumbimos aos vícios que impedem as nossas realizações pessoais, por impulsos e ímpetos inconscientes, reagindo contra aquilo ou quem atribuímos a culpa pelas nossas debilidades. Muitos dos arrebatamentos de uma pessoa – dos quais geralmente ela se arrepende – são desencadeados por diferentes codificações do seu DNA, mas a herança genética não é determinante no que somos. Cumpre-nos vigiar para que nossas ações não sejam consequências de pensamentos embotados pela emoção, assumir nossas responsabilidades, fazer as nossas escolhas, e não buscar justificativas para o nosso comportamento com explicativas freudianas, mesmo que tais pensamentos exijam autocensura. Mais importante é o que revelam as nossas ações, e não os impulsos inconfessos a que somos levados. Não devemos temer nos expor, nos envergonhar do lado obscuro da natureza humana, apenas mudar a história dos nossos sentimentos, lutar contra os ímpetos deletérios que nos impedem alçar degraus superiores de espiritualidade. Para isso muitos buscam na religião os mandamentos que restringem os desejos descabidos, regulam o que podemos ou não fazer e o nível de prazer que nos é permitido. Mas não podemos evitar a lida do nosso consciente secreto, que emerge a todo o momento para nos fazer enrubescer e grita: isso é o que você é, sobretudo um carente de virtude que tem de lutar com constância para a prática do bem. Só estaremos em paz com nós mesmos quando admitirmos ter de reprimir certos sentimentos vergonhosos para que nossos padrões de comportamento sejam compatíveis com os valores morais preconizados pelas filosofias religiosas tradicionais. E mudar nossos hábitos e nosso caráter requer muito amor e o controle dos pensamentos.

05. Sou justo?

Você também é responsável pelas iniquidades do mundo e por todas as injustiças, inclusive pelas sofridas por você mesmo. Mas todos vamos fazendo progressos morais e abraçando valores justos, até mesmo os que colidem com o Antigo Testamento, em que, entre outras crueldades, é estimulada a prática da escravidão e a matança dos inimigos.

06. Sou livre?

Relativamente. Num mundo que fazemos injusto, a liberdade das pessoas é proporcional à sua condição social. É oprimido nos seus direitos, por exemplo, o analfabeto. Mesmo vivendo na mais plena democracia, não é inteiramente livre aquele que não tem acesso ao mínimo de bens materiais, que não usufrui de uma alimentação que lhe forneça as calorias necessárias. Os mais abastados geralmente são mais livres aqui mesmo, nesta vida. Não compensa ter de viver na penúria para garantir a entrada num paraíso alhures.

07. Sou feliz?

Pense positivamente. Você é o que você pensa, então você pode ser mais ou menos feliz. Mas trata-se de uma felicidade baseada em eventuais bons acontecimentos. A felicidade é conquistada mediante um esforço pessoal, tem de ser buscada. Você é influenciado pelas circunstâncias e pelas experiências vividas, mas também pelas pessoas do seu ambiente. Não se deixe influenciar por pessoas cujas opiniões visam fazer com que você passe a pensar conforme os interesses delas ou que têm uma visão pessimista do mundo. Cerque-se de amigos otimistas para captar o estado de espírito deles. Cercar-se de pessoas alegres, é um primeiro passo na busca pelo contentamento. As pessoas lúgubres irradiam tristeza, criam barreiras no caminho que leva ao bem-estar. Somente as pessoas contentes podem ajudar você a manter-se num halo de alegria. Entretanto, o ser humano ainda não é o amor pleno e universal de Deus, não é inteiramente feliz. O Homem é a criatura terráquea mais divinizada, mas está ainda muito aquém daquelas que evoluíram para superiores estágios de bem-aventurança.

08. Você quer dizer que para ser mais feliz devo ampliar o meu círculo de amizades?

Sim, porque refletimos as experiências das nossas relações. Somos atraídos pelas paixões dos que nos cercam, e isso pode ser bom ou ruim, mas é impossível ser feliz sozinho.

O ser humano, para proteger-se contra todo tipo de opressão, procura a segurança de pertencer a uma família, a um grupo social, a um clã, a um Estado, a uma religião. Trata-se de uma necessidade humana, mas quando as classes sociais se tornam elitistas, são dominadas pelos pensamentos separatistas, em contraposição aos sentimentos holísticos pacificadores. Essa é causa do preconceito social, do racismo, da animosidade política e do fundamentalismo religioso que tornam os indivíduos renitentes, inflexíveis, avessos à abertura para as ideias que não pertencem ao seu grupo. Não construa muros, mas pontes fundamentadas no amor incondicional a todas as criaturas.

09. Tenho um destino?

Você não está submetido a uma sucessão de fatos determinados. O destino de todas as criaturas é a completa divinização, mas o caminho pode ser bem tortuoso. Você é possuidor de livre-arbítrio, pode provocar mudanças na sua vida por meio de simples pensamentos, por isso há que assumir o controle do que pensa. Cada decisão sua, mesmo as aparentemente insignificantes, afeta não só você, mas o mundo que o cerca. Reflita sobre a moralidade dessa citação:

pensamentos resultam ações, que se tornam hábitos, que se tornam o caráter, que se torna o destino.

10. **Então posso arquitetar o meu futuro?**

Cada acontecimento, mesmo que afigurando-se irrelevante, determina os próximos acontecimentos, de modo que o que acontece no futuro é consequência do que aconteceu no passado e o que está acontecendo no presente. O fato que sucede a uma pessoa no presente determina como os fatos futuros se desdobrarão. Se você analisar detalhadamente uma grande mudança na sua vida num dado momento, poderá constatar que ela foi o resultado de eventos aleatórios, mesmo que fortuitos, acontecidos anteriormente. O livro que você leu, a pessoa que conheceu, a decepção que sofreu, o avião que perdeu, os bens que adquiriu, a doença que o acometeu, tudo está construindo o seu futuro.

Mas note bem: as suas ações do passado você não pode mudar. Portanto trate de valer-se da aprendizagem no passado para ações construtivas no presente e fazer com que se abram possibilidades de fortuna no futuro. Ademais,

o seu futuro não depende somente de você. Alegoricamente, é como num jogo de baralho em que você pensa em jogar certa carta, mas em função da carta jogada pelo adversário você acaba por não jogar a carta da qual gostaria de se desfazer. Também poderíamos dizer que você constrói o futuro como se possuísse uma única flecha, tivesse que arremessá-la repetidamente e a cada arremesso seguir caminhando pela trajetória dela e recuperá-la para atirá-la novamente. A flecha não cairá sempre onde você desejaria que caísse. Você dispara a flecha para a direção que bem entender, mas terá de arremessá-la novamente de onde ela estiver caído: da montanha, do manancial, do charco, do espinheiral, do coração de alguém... Ademais, todo mundo atira flechas, e a sua poderá colidir com as atirada por outros.

11. **Praticando o bem eu sou recompensado?**

Sim, mas a eficácia das nossas ações reside na intenção de praticá-las por elas mesmas e não em função de resultados. Não pensando assim, corre-se o risco da decepção, de colocar-se no papel de vítima e desacreditar valores espirituais que estão acima de quaisquer sentimentos de frustração. Aqueles que diligentemente saem pelas ruas fazendo proselitismo – pobres criaturas manipuladas por líderes religiosos do seu credo – creem estar adquirindo bônus que pavimentam o próprio caminho para o Céu. O desejo de ajudar não pode esconder a esperança de retribuição, da recompensa de um salto quântico para uma hipotética paz celestial.

12. **Como devo fazer o bem?**

Amando. Só o amor salva, só o amor constrói. Ame todas as criaturas a cada momento do presente.

É claro que você deve planejar a sua vida, mas atento para viver com amor o presente. As experiências vividas no passado, especialmente os erros cometidos, servem de aprendizado no presente. Mas não temos o passado, e o futuro nunca chega. Só dispomos realmente do presente, do instante em que estamos vivendo, e muitas vezes desperdiçamos esse momento em função de algo que aconteceu ou de alguma coisa que esperamos acontecer. Os eventos futuros estão subordinados ao agora, dependem dos passos que estamos dando no presente. Mesmo que no presente o seu amor não seja correspondido, ele abrirá espaços para boas coisas que se darão no futuro.

13. **O que é amor?**

É um sentimento inefável que predispõe a desejar o bem a todas as criaturas. É uma virtude que tem de ser cultivada, algo que cresce movido pelo anseio de tornar-se Deus.

14. **Posso tornar-me capaz de perdoar a todos que me ofendem?**

Não creia que você seja possuidor das virtudes de Jesus Cristo. O máximo que pode fazer é restituir bondade quando recebe maldade. Você não perdoou, se continua magoado. Perdoar é livrar-se completamente dos ressentimentos, e o ser-FH é, por via de regra, incapaz disso.

15. Devo corrigir as pessoas que erram?

Queixar-se, sim, a queixa não significa intolerância, alerta aquele que ofende. Mas você não deve tentar mudar os seus semelhantes, porque prioritariamente deve concentrar todos os esforços para correção das suas próprias imperfeições. Mesmo sendo piedoso, você não pode ensinar piedade a quem ainda é muito pobre de Fatores Naturais. Um chimpanzé não teria êxito se pretendesse ensinar macaquices à serpente.

16. Envidar todos os esforços para aperfeiçoar a si mesmo não é uma forma de egoísmo?

Lembre-se da máxima "Ajuda-te, e o céu te ajudará". Somos bons quando nos esforçamos para sê-lo, mesmo que para o nosso proveito. E da bondade de uma usufruem todas as demais criaturas.

17. As religiões são pacificadoras?

Proclamando-se agentes da paz, quase todas têm uma história de violência e ódio, com dolorosos exemplos como as guerras religiosas e as inquisições instituídas pelo poder papal. Ainda hoje, fundamentalistas islâmicos sunitas e xiitas odeiam-se uns aos outros só porque divergem sobre quem deve ser considerado o herdeiro do profeta Maomé.

18. Mas as religiões trazem benefícios para muita gente...

Ressaltar os eventuais malefícios causados por Igrejas, crenças, líderes religiosos e livros tidos como sagrados não exclui o fato de que há nas religiões notórios ensinamentos para uma vida moral, por exemplo, a ética judaico-cristã. São inúmeros os exemplos de guias espirituais verdadeiramente santos, e de textos sagrados, que, espremidos, revelam-se inestimáveis fontes de sabedoria humana e exortação de amor ao próximo. Entretanto, não há justificativas para ídolos, templos, rituais e práticas exteriores de fé tidas como necessárias para a comunhão com a divindade. Ensinamentos espirituais são inúteis se não resultam em compreensão e na transformação interior, sobretudo se tais ensinamentos não forem seguidos de bons exemplos. Muitos atos das instituições religiosas são condenados por elas próprias, porém com séculos de atraso. A Igreja Católica Romana obviamente não aprova hoje as ações da Santa Inquisição, criada por ela, que ao longo de 300 anos matou e torturou milhões de inocentes acusados de heresia. Definições conceituais e práticas místicas não são suficientes para percepções que somente podem ser atingidas num estado de santidade como o alcançado por Buda e Jesus, e outros seres humanos que passaram por este planeta semeando espiritualidade sem que nem os tenhamos percebidos. Para atingir a iluminação, é necessário abster-se de atos impiedosos e ser compassivo com todos os seres sensíveis, como é proclamado no ramo Soto Zen do budismo. Acredite na espiritualidade como simplesmente uma transformação da consciência, sem prender-se às hierarquias institucionalizadas não abertas a novos pensamentos, cujas posições doutrinárias são endurecidas para combater as crenças consideradas a elas uma ameaça.

19. Às vezes, certo temor me inclina a adotar um credo que me faça sentir incluído entre os que serão salvos...

Conheça as filosofias religiosas que mais coerentes com seus próprios princípios não abarcam a ideia da salvação apenas pela fé, muito menos o conceito da predestinação, segundo o qual Deus determina os que serão salvos e os que estão condenados ao inferno. É lamentável a existência de doutrinas segundo as quais nada podemos fazer para mudar o destino, que tudo depende da vontade de Deus. Conforme essas crenças, Deus decidiu quais as pessoas que serão ou não salvas, e nada que eleitos e não-eleitos façam poderá mudar o destino deles.

20. Quanto mais conheço religiões, mais suspeito das suas diretrizes doutrinárias. Nenhuma me convence de que Deus é indiferente às grandes tragédias que assolam a humanidade, ou de que as maldades são de responsabilidade dos próprios homens, enquanto que as coisas boas que nos acontecem são obras de Deus. O Deus que eu procuro não pode ter sido

insensível ao Holocausto e aos genocídios perpetrados por Stalin na União Soviética e Mao na China, tampouco às epidemias devastadoras e as calamidades naturais que assolam a humanidade. O que dizer sobre a afirmação das religiões abraâmicas de que "nada acontece sem a vontade de Deus"? Puxa! Será que todas as coisas terríveis que acontecem a crianças inocentes e a outras pessoas presumidamente justas acontecem segundo a Sua vontade?

Ao invés de procurar atabalhoadamente respostas místicas que justifiquem os infortúnios, devemos nos conscientizar de que Deus não interfere em nossas vidas, embora estejamos submetidos à sua Lei. Deus criou o mundo e uma Lei imutável que rege a existência das suas criaturas. Sendo divina, a Lei é perfeita e justa, porém insondável em nosso atual estado evolutivo. A Natureza tem um objetivo que não é alterado por coisas que acontecem acidentalmente. Se as pessoas acreditarem que nada acontece sem a vontade de Deus, alimentarão a dúvida sobre a justiça divina quando uma tragédia as atinge. É mais razoável crer que os desígnios de Deus sejam maiores, e que os propósitos divinos não são abalados por acontecimentos adversos isoladamente. É mais consolador crer que a Natureza nos conduz a todos para um determinado apogeu, independentemente de acidentes de percurso, do que acreditar num Deus interferindo nas nossas vidas e permitindo que virtuosos e pecadores sofram igualmente. Os teólogos procuram, com a teodiceia, conciliar o dogma da suprema bondade e onipotência divinas com o mal e o sofrimento no mundo, mas não convencem muita gente. Há mais nexo nas explicações sobre esse assunto no postulado dos Fatores Naturais e na doutrina espírita kardecista. Mas lembre-se de que qualquer posição filosófica é boa se ajuda você a ser bom.

21. Tenho um profundo respeito às pessoas de fé que se devotam às instituições religiosas, até me comove as bonitas liturgias católicas, mas não consigo ver nenhum sentido nessas práticas místicas exteriores.

Você cresceu em ambiente católico, é saudoso dos costumes dos seus antepassados – da sua mãe, que era tão devota, e dos seus avôs beatos – e sente-se culpado por não honrar a fé religiosa deles. Mas você não é receptivo ao Deus pessoal antropocêntrico que eles veneravam, e procura o seu próprio Deus, sem dar-se conta que Ele já está em você. Todos temos Deus, mais quando se tem compaixão. Quanto à religião, nem todos os virtuosos professam alguma, e os que professam às vezes alimentam dúvidas. Biógrafos afirmam que a indiana missionária católica Madre Teresa de Calcutá viveu por muitos anos crises espirituais em que questionava inclusive a existência de Deus, e nem por isso ela esmoreceu no seu intento de realizar a obra de caridade que lhe valeu o Prêmio Nobel da Paz. Incrédulos muitas vezes tornam-se religiosos. Santo Inácio de Loyola, o fundador da Companhia de Jesus, que prestou (com seus jesuítas) um grande serviço à propagação do catolicismo de Roma, já tinha sido preso e perseguido pela Inquisição espanhola, antes de convencer os bispos que suspeitavam de todos aqueles que ensinavam atraindo seguidores. Paulo de Tarso passou grande parte da sua vida perseguindo os cristãos e estava convencido (conforme relata nos Atos 22 e 26) de "que devia fazer a maior oposição ao nome de Jesus de Nazaré": após ter uma experiência de conversão e passar a levar o Evangelho a judeus e gentios, foi tornado São Paulo. *Aurelius Augustinus* teve uma vida de devassidão antes de converter-se e tornar-se o Santo Agostinho. Eu poderia citar muitas biografias de santos que não foram inicialmente tão "santos". Por outro lado, uma infinidade de pessoas possuidoras de excepcionais virtudes cristãs não foram tornadas santas por não se terem convertidas à doutrina da Igreja Católica. Em suma, se você quiser ter a chance de ser canonizado há que professar o catolicismo.

22. Eu não sou o único que faz restrições a religiões...

O antagonismo religioso ocorre até mesmo entre as próprias religiões.

A moderna tecnologia, por que confere aos seres humanos um ilusório sentimento de superioridade, distorce o significado da religiosidade, tendendo a afastar-nos dos sentimentos de solidariedade humana e do amor incondicional. Os conhecimentos contínuos, filosóficos e científicos, que orientam as nossas ações, deveriam nos fazer crescer em Deus. Mas o Deus inventado pelas religiões não mais está satisfazendo a fé de muitos pessoas neste mundo tecnológico. A solução para elas é descobrir um Deus não mitológico deduzido pela razão, para que não percam os rumos da espiritualidade.

No seu caso em particular, o catolicismo da sua infância ainda o toca, apesar de você ter dele se desencantado, assim como não o encantam as religiões abraâmicas, de um modo geral, porque não lhe fazem sentido. Mas você recusou-se a tornar-se um agnóstico. A prova da sua boa vontade é que você estuda a obra kardecista que, embora não contribua com conclusões demonstráveis, lhe parece a que mais se aproxima racionalmente das questões metafísicas, inclusive a do sentido da vida. Mas se também a doutrina espírita não lhe apraz, resta-lhe o Deus do postulado dos Fatores Naturais, um Deus obviamente ainda inacessível ao seu entendimento, mas, pelo menos, não responsável pelas dores que afligem a Humanidade.

23. **Se o Deus das religiões me é dúbio e a Sua Lei é imperscrutável, devo abandonar-me à indiferença?**

Por que se descrê de argumentos teológicos, não temos de perder a vontade de perscrutar o transcendente. Compreendo as suas incertezas, é difícil crer num Deus que pode interferir na vida de todos quando bem entende, mas que permite indiferente, por exemplo, o massacre de inocentes crianças numa escola. Por isso, muita gente busca uma fórmula para reinventar o sagrado. Os espíritas encontram no processo reencarnacionista logicidade na justiça divina. No postulado dos Fatores Naturais, a nossa recompensa se resume nas oportunidades de espiritualização, de tornar-se mais Deus. Descobrir que existe parte de Deus em cada um de nós estimula o esforço pessoal para alcançar uma maior divindade, e para isso não se tem necessariamente que ser religioso, tem-se que ser piedoso.

24. **Por que há divergências entre os textos sagrados?**
Os textos tidos como sagrados (o Antigo Testamento, o Novo Testamento, o Alcorão, o Tao Te Ching, os Siruti, os Anacletos) foram escritos por homens sábios que nos legaram importantes lições morais. Pena que tais escritos sejam geralmente considerados depositários de sacrossantas palavras reveladas por Deus, mesmo quando não estão inteiramente comprometidos com a racionalidade. Deveriam ser lidos de forma metafórica e não como depositários de verdades literais. Quando não reverenciados, tais textos são inspiradores e não diminuídos de importância pelas críticas a que estão sujeitas algumas das suas passagens. Muitas das passagens bíblicas podem entrar de formas diferentes na cabeça de cada um e interpretadas conforme as motivações pessoais. A visão de um Deus antropomórfica gera confusões inconcebíveis. Nesse aspecto, as religiões ditas orientais, que tiveram origem na Índia e na China, têm seus escritos sagrados menos susceptíveis a interpretações ambíguas.

25. **Não raramente, pessoas são discriminadas em função da religião que adotam...**
A lei fundamental de um Estado deve garantir ao cidadão o direito de professar a religião ou crença que entender como sendo a melhor para si, mesmo que ela exija o abandono do compromisso com a racionalidade. É muito forte o impulso de que se dispõe no sentido do misticismo, porque percebemos quão tênue é a barreira entre o mundo físico e o espiritual, e cada um de nós tem livre-arbítrio para, a seu modo, diligenciar para que esse véu vá se esgarçando.

26. **O que dizer daqueles que se intitulam ateus?**
Segundo a Aposta de Pascal, se Deus existe, temos muito a ganhar com isso; se Deus não existe, nada perdemos. Ou seja, vale a pena crer em Deus. Na verdade, falta aos ateus apenas convicção, porque todo ser humano tem a consciência de Deus. As criaturas adquirem a consciência de Deus a partir do estágio-FH, quando sabem que vão morrer. A morte inevitável é uma realidade que abala

a todos, mas embora nem todos busquem dominar esse fato perturbador entregando-se a proposições religiosas, ninguém deixa de se entregar a pensamentos transcendentes. Em geral, os intitulados ateus são pessoas não religiosas que não sabem como decidir por um dos inúmeros textos sagrados – estes muitas vezes incompatíveis entre si, embora considerados a palavra de Deus.

27. **Por que as religiões não convergem para uma doutrina única universal?**

As religiões comportam-se politicamente atendendo interesses institucionais. O Deus das religiões nunca inspirou a coalizão de todas elas, a conscientização de que as suas semelhanças podem superar as suas diferenças. Se elas se conduzissem unicamente dentro de um mesmo pensamento divino, existiria apenas uma, não haveria a pulverização em tantas vertentes. O cristianismo é uma babel doutrinária, com a sua Igreja Católica Romana e as suas inúmeras dissidentes: Igrejas ortodoxas orientais, Igrejas protestantes e evangélicas pentecostais e neopentecostais. O judaísmo possui várias correntes, tendo até a que nega a Torá – os cinco primeiros livros da Bíblia – como sendo de autoria divina. O islamismo sofreu uma série de divisões, a primeira delas unicamente porque não houve acordo sobre quem deveria suceder o profeta Maomé. As filosofias religiosas orientais também possuem muitas variantes.

28. **Como ocorre a proliferação desmedida de seitas em todas as partes do mundo?**

Há muitas maneiras de você autoproclamar superioridade, convencer incautos e fazê-los seus seguidores temerosos do Juízo Final e de castigos infernais. Uma delas é, se você tiver boa memória – e muitos megalômanos a têm –, decorar inúmeras passagens bíblicas e recitá-las para apresentar uma incomum proximidade com Deus e, assim, obter a confiança daqueles que você deseja manipular. Há muitas dessas pessoas funestas que escondem sob o manto do puritanismo as suas indignidades. Frequentemente se toma conhecimento pela mídia de que alguém ou um grupo de pessoas foram enganados por algum impostor que se fazia crer possuidor de dons espirituais e força divina. Muitas vezes, nem se trata de embusteiros, mas de crentes carismáticos dedicados especialistas das Escrituras, sinceros e bem intencionados. A estes foi ensinado a obedecer cegamente à religião a que pertencem, e estão convencidos de que fazendo prosélitos serão recompensados com bônus celestiais. Em nome da compaixão, devemos ser tolerantes com essas vítimas do descaminho espiritual, levadas que são ao fundamentalismo por manipuladores que se utilizam de textos sagrados e nomes divinos como instrumentos de sedução.

29. **As religiões monoteístas são discordantes em suas práticas doutrinárias porque são relativamente novas?**

O judaísmo, a forma assumida pela religião israelita, é a crença monoteísta mais antiga do mundo. Nem por isso deixa de representar um conjunto de instituições permeado de dissensões que permitem uma série de interpretações, dentre elas a do ramo hassidismo (chassidismo), um movimento de renovação.

30. **Por que mais da metade da população mundial não é cristã, quando o cristianismo encerra tão elevados preceitos morais?**

Porque tais preceitos já existiam antes do advento do cristianismo, são plágios de doutrinas mais remotas. O confucionismo já era marcado pelo culto ao amor, à moral severa e à justiça. Há mais de 500 anos antes de Jesus, Confúcio proclamava: "Não faças aos outros aquilo que não queres que façam a ti." Na mesma época em que viveu Confúcio, Mahavira Jayanti, o reformador do jainismo, pregava a não-violência e que fazer o mal significava interromper o progresso espiritual da própria alma. A ideia de anjo rebelde (Satanás), de céu e inferno e de Juízo Final não teve origem no cristianismo. Seiscentos anos antes do Cristo, no zoroastrismo, o Deus Supremo, ao tempo da criação, criou duas entidades, sendo que uma delas escolheu o bem, e a outra o mal. Zaratustra, o fundador dessa doutrina, previa que seremos chamados a prestar contas num Julgamento Final, a fim de que cada um seja premiado ou punido, conforme o modo como tenha vivido aqui na Terra. Não é de se surpreender, portanto, que posteriormente as religiões cristãs passaram a prever uma segunda manifestação física de Jesus Cristo, e que no Novo Testamento (Mateus 16,27) consta que "Pois o Filho do Homem há de vir na glória do seu Pai, com os seus anjos: e então recompensará cada um segundo as suas obras."

31. Tantos profetas, tantos santos, tantos milagreiros... Foram literalmente inspirados por Deus?

Pesquisando a História, constatamos que o dom da profecia e de outros poderes atribuídos por Deus era muito frequente. Contemporaneamente isso não ocorre tão amiúde, mas nos tempos de um maior predomínio da ingenuidade popular, Deus atribuía o dom da profecia a uma ampla diversidade de pessoas, por isso há milhares desses históricos contemplados com uma especial atenção divina. Muitos deles ainda têm sido merecedores da credulidade dos devotos de hoje, que os vêm como tendo sido portadores de poderes celestiais que lhes permitiram até o privilégio de falar diretamente com Deus. Entretanto, pesquisadores isentos veem nalgumas dessas aureoladas figuras vida pregressa não condizente com merecimento de uma contemplação especial de Deus. Depois de mortas, algumas pessoas adquirem reputação melhor, obtêm mais consideração e mais méritos do que mereciam.

32. Deus já foi visto por alguém?

Não poderia, embora livros sagrados afirmem que sim. Citam profetas e personagens messiânicas que tiveram contato direto com Deus, mas essas passagens alegóricas carregadas de metáforas, às vezes poéticas, não descrevem convincentemente a figura de Deus. Geralmente Deus é relacionado metaforicamente com Luz. Na Divina Comédia, Dante também se esquiva da responsabilidade de descrever Deus, que todos os bem-aventurados poderão ver no Paraíso, porque uns O vêm mais claramente que outros.

33. A súplica religiosa nos ajuda?

Deus não conhece as nossas necessidades? Um pai satisfaz as carências do filho somente mediante rogação? É certo que a fé remove montanhas, que confiança e a segurança íntima inspiram as pessoas e fortalecem-nas. Mas a concepção de um Deus que atende às nossas súplicas leva também à ideia errônea de que o mal que nos acontece deve-se à indiferença de Deus. Se toda a Humanidade se reunisse em oração de súplicas o mundo não se tornaria melhor. Se a todas as criaturas (tudo são criaturas) fosse dado o direito de atendimentos a súplicas, muitas pessoas pediriam bens materiais, enquanto que a grama se contentaria com uma chuva. Acho que existe alguma parábola semelhante a esta: Um gato, um cão e um tigre concordaram em reunir-se em oração de súplicas. O gato pediu que chovesse ratos; o cão, que chovesse ossos; o tigre, que chovesse cães e gatos.

34. Que é o Paraíso?

Segundo a Bíblia, é um local terrestre, o Jardim do Éden, onde Deus colocou Adão e Eva após pecarem. (Há quem acredite que era onde é atualmente o Iraque.) Enfadados de procurar esse local de delícias aqui na Terra, passou-se a imaginar que ele está no céu, nem ao "lado direito de Deus", nem governado pelo diabo, mas de permeio. A crença no Paraíso se justifica por um apelo à razão: não se acha justo que possuidores de graus distintos de virtude ou de indignidade vão inapelavelmente ou para o céu ou para o inferno. No postulado dos Fatores Naturais, esse anacronismo é irrelevante.

35. O ascetismo nos faz merecer o Paraíso?

Por que optar por uma vida monástica reduzida a orações, privações e mortificações do próprio corpo, se a Criação previu os prazeres mundanos? Não estou me referindo aos prazeres imoderados, às paixões que se sobrepõem à razão e à lucidez, mas aos gozos simples tão generosamente presentes na vida humana. Acreditando que não existem no céu as delícias terrenas, as pessoas podem pensar que não vale a pena ir para lá, mesmo que no paraíso elas não estejam expostas a crises existenciais. Fala-se que lá, naquele "outro lado", há pradarias imensas de verde espetacularmente lindo e flores de perfumes inebriantes. Mas o que há de ser da selva com seus leões, dos oceanos com seus seres espantosos, das encantadoras cadeias montanhosas com seus mistérios e das praias ensolaradas com crianças brincando na areia que dispomos aqui? No paraíso, com certeza você sentiria falta de assistir ao seu time disputando um final de campeonato, as mulheres de apreciar uma vitrina de sapatos elegantes. Alguns imaginam que lá há uma vida venturosa, sem envelhecimento, não se nasce, não se morre, com todos gozando da vitalidade perpétua de uma meia-idade, sem que se precise beber, comer ou dormir. Então, estaríamos perdendo o gozo de uma infância, dos deleites da adolescência, dos prazeres gratificantes do envelhecimento, de ser avô? Estaríamos privados das emoções que traz uma nevada, do cheiro da terra molhada pela chuva, do calor do sol sobre a pele, de degustar um bom vinho, do sabor de um prato bem preparado? Não nos emocionaríamos com o nascimento de um bebê? Não desfrutaríamos do repouso num colchão adquirido segundo o próprio gosto, com um lençol alvejado a acalentar sonhos e as delícias do amor consolidadas no sexo? Seremos todos iguais, sem o exercício do amor tolerante baseado na compreensão das diferenças pessoais e na liberdade de fazer escolhas? Estaríamos submetidos a paradigmas, sem as possibilidades das mudanças enriquecedoras que nos são permitidas no decorrer da vida?

Não nos imobilizemos à espera de ir para um lugar paradisíaco, porque o nosso fim não está num éden. É claro que nas progressões pós-humanas há outras esferas de emoções, a existência será muito mais feliz do que aqui na Terra, pois as criaturas estarão mais próximas de Deus. Mas enquanto humanos, procuremos ser feliz aqui, não tentemos imaginar um paraíso, porque não conseguiremos mais do que ver um ambiente monótono em que nada passará, em que tudo continua a mesma coisa, sem surpresas boas e más.

O filme brasileiro "Nosso Lar" tentou transportar para a tela a bem-aventurança concebida no livro psicografado pelo médium

Chico Xavier, mas não conseguiu mais que mostrar uma comunidade de zumbis vestidos de branco zanzando de um lado para outro.

36. Deve-se render culto a Deus?

Limite-se a amar todas as criaturas como a si mesmo. O Homem carece evoluir a patamares superiores para estar mais próximo do amor absoluto que é Deus, e as religiões o confundem quando afirmam que Deus deseja ser adorado. O cumprimento dos deveres religiosos às vezes é curioso, como no caso do catecismo islâmico, em que as mulheres não podem ir à mesquita se estiverem menstruando. Ou como para os israelitas, em que a circuncisão de toda criança do sexo masculino agrada a Deus. Ou como para os católicos, em que se deve culto a Deus por meio de missas. Como Deus não tem mais aparecido para estabelecer pactos ou alianças e fazer a Sua Vontade ser conhecida, resta aos fiéis os livros sagrados ensinando o que Deus deseja para sentir-se satisfeito. Ainda bem que atualmente quando uma ou outra personagem "intérprete de Deus" aparece dispondo-se a ensinar novas práticas de culto, é geralmente repelida.

37. Que é o Juízo Final?

Em tempos remotos, acreditava-se que era durante a vida que as pessoas tinham de prestar contas a Deus. Quando se ficou convencido de que muitos canalhas são recompensados e virtuosos desafortunados, passou-se a crer no Juízo Final, o julgamento a que todos serão submetidos no fim do mundo, salvos ou condenados segundo os méritos de cada um. Geralmente o julgamento está previsto como precedido da ressurreição dos mortos e de acontecimentos apocalípticos: praga de gafanhotos, fogo devorador, escuridão, cheiro de podridão etc. Em o Antigo Testamento, Joel já advertia: *O dia do Senhor, com efeito, está próximo, e vem como um furacão desencadeado pelo Todo Poderoso* (1,15). Ou *Estremeçam todos os habitantes da terra, eis que se aproxima o dia do Senhor.* (2,1). Em o Novo Testamento, também há revelações estarrecedoras acerca do destino da humanidade pecadora. No postulado dos Fatores Naturais, o Juízo Final não existe segundo essas concepções: o nosso destino é a divinização, portanto, auspicioso.

38. Será que as ameaças das instituições religiosas de fim do mundo não é chantagem para extorquir nossa adesão a elas?

Essa lengalenga remonta a Zaratustra, que 500 a.C. já profetizava o fim do mundo para um acerto de contas. Continuamos atemorizados com esse Armagedom, a batalha decisiva entre o Bem e o Mal (entre as forças da Luz e das Trevas), que estaria próxima. Ao longo desses dois mil anos de fé cristã, em inúmeras ocasiões acreditou-se que Jesus estava prestes a voltar à Terra, conforme está prometido na Bíblia. O ano de 2012 estimulará os fanáticos de plantão a assustarem os crédulos, inspirados na profecia do calendário maia, segundo o qual o fim do tempo ocorrerá nesse ano.

O sol está se apagando, será mais uma estrela agonizante dentro de alguns milhões de anos. Mas não haverá o fim das existências quando as condições atmosféricas da Terra sofrerem mudanças tais, incompatíveis com o que conhecemos como biosfera. Qual a importância disso num Universo em que a Terra é tal qual uma partícula de areia no deserto? Se realmente a Atlântida, como nos relata autores da Antiguidade, submergiu fazendo desaparecer uma civilização inteira, o episódio nada mais significou do que morte de pessoas e outros seres, o que acontece todos os dias. As atuais condições climáticas do nosso planeta não durarão para sempre, mas pensar que unicamente aqui há lugar para a vida é achar que só existimos porque estamos agarrados a esse insignificante grão de areia que é o globo terrestre no Cosmo.

39. Qual é a influência dos astros sobre nós?

A vida na Terra depende do sol, e a lua é a principal responsável pela maré. Assim, podemos dizer que sofremos influências astrais. Entretanto isso nada tem a ver com as superstições dos que leem horóscopos e orientam as suas ações, crendo que os astros influenciam o seu destino. As pessoas que morreram ontem em acidentes de trânsito não tinham o mesmo signo, e as que morrerão em acidentes aéreos também são de signos diferentes umas das outras. Acreditar que o alinhamento de astros interfere em nossas vidas e altera o nosso estado emocional, as nossas disposições e o nosso futuro é o mesmo que afastar malefícios com queima de defumadores, ou crer em sorte trazida por amuletos e azar por um espelho que se parte. É pura superstição ver presságios em fatos fortuitos. Ordinariamente, primeiro vem a fé – um tanto confusa –, depois o conhecimento, que procura manter a fé conciliada com a razão. Depois dessa segunda fase, a maioria das pessoas está livre de sentimentos baseados em temores infundados.

40. Num feriado de Nossa Senhora Aparecida, que é também o Dia das Crianças, ouvi pelo rádio um locutor, narrando a missa celebrada na catedral, dizer: "Os meninos e meninas aqui presentes estão cumprindo um compromisso que eles têm com Deus." Perguntei-me: "Será que as demais crianças, aquelas que na mesma hora estavam em folguedos nas festas infantis comuns nesse dia, estariam rompendo um compromisso com Deus"?

As crianças que assistiam à missa cumpriam um compromisso dos seus pais com uma crença. A verdadeira religiosidade clama por Deus sem necessitar de instituições hierarquizadas que nos remetem à ideia de comprometimento com divindades personificadas. A espiritualização é um direito de nascença que deve ser exercido sem que estejamos submetidos a doutrinações e intimidações religiosas.

41. Em janeiro de 2011, na região serrana fluminense, enchente e desmoronamentos causaram a morte, num só dia, de cerca de mil pessoas: homens, mulheres e crianças, que se encontravam presumivelmente protegidos no interior de suas casas. Milhares de desabrigados perderam filhos, esposa, esposo, mãe, pai, amigos, além de todos os seus bens materiais adquiridos ao longo de uma vida inteira. Provavelmente

grande parte dos que se salvaram há de acreditar que devem a própria sobrevivência a uma dádiva divina, mas alguns hão de ter a fé desvanecida pelo cepticismo, a se perguntarem se aquilo foi um castigo, a exemplo de Sodoma e Gomorra, em que eram todos culpados: os bebês, os jovens e os velhos. E passarão a ter dificuldade em conciliar a "bondade de Deus" com tsunamis na Ásia e terremotos no Haiti. O Brasil todo se solidarizou com os milhares de vítimas da tragédia fluminense, e ajuda material veio de todo lado àquelas pessoas de classe média que de repente passaram a ter como bens apenas a roupa do corpo. Ajuda veio também de vários países. Do Vaticano veio a bênção papal. Fiz algumas pesquisas sobre o significado de "bênção" e nenhuma das acepções que encontrei se aplica: "graça divina"? "a mão de Deus sobre nós"?, "algo dado por Deus"?, "palavras e sentimento de gratidão"?, "Deus está conosco"?, "chamar sobre as pessoas ou algo o favor de Deus"?, "expressão de agradecimento pelos favores atribuídos ao céu"?

Você não poderia encontrar nesses conceitos tradução dos reais sentimentos de Sua Santidade. Eu diria que se tratou de um gesto de piedade do Papa, uma manifestação de compadecimento, compaixão, condoimento. Um testemunho de pesar.

42. Viver na Terra é um castigo?

Não. É uma oportunidade para o crescimento espiritual. Segundo os hinduístas, a nossa existência terrena é consequência da nossa ignorância, somente se liberta dos renascimentos quando se alcança o eu superior e o conhecimento da identidade de Brahma (o criador de todas as coisas). É um pensamento muito semelhante à proposta do postulado dos Fatores Naturais. Seria exatamente igual se admitisse que o conhecimento levado ao infinito confunde o ser com o próprio Brahma, e que a elevação não é uma tarefa religiosa, é consequência da prática do bem.

43. Em 1975 eu participava de exercícios militares na selva amazônica e, mais do que a vida explodindo em toda parte, me chamava à atenção o caos envolvendo árvores gigantescas asfixiadas por trepadeiras, arbustos ocultando profusão de aranhas e escorpiões, miríades de insetos, águas correntes límpidas ou estagnadas lodacentas, animais grandes e pequenos, predadores e presas, buracos dissimulados, flores exóticas, vida em plenitude entremeada de morte num atapetado em decomposição. Certa noite, ouvi ruídos de galhos se quebrando e o baque surdo produzido por um fruto do castanheiro, cerca de dois quilos caídos de mais de 40 metros de altura. Aos soldados se instruía não permanecer sob essas árvores, pelo risco de ferimentos graves. Saí da minha rede à procura do rijo esférico fruto e o encontrei semi-enterrado obliterando a entrada da toca de um provável roedor. O que a natureza fez com aquele bicho? Conseguirá ele safar-se, ou morrerá preso na sua casa. Estamos todos, nós, os animais e os vegetais, submetidos ainda ao caos primordial?

Um propósito superior predomina sobre a vida de uma planta, de um animal ou de um soldado. Acontecimentos aleatórios ocultam o desenrolar de uma ordem que vemos como desordem, quando na verdade correspondem à harmonia do universo, a Natureza se expressando através da diversidade, criando e destruindo, em que tudo tem de ser da maneira que é. Situações isoladas – um meteoro gigante atingindo a Terra, por exemplo, – é a realidade fragmentada. Nós estamos conectados com um universo indivisível em que nada existe de modo independente. Está além da nossa compreensão o propósito de acontecimentos aleatórios, porque não os vemos como interconectados à totalidade. Há uma ordem eterna que orienta as criaturas para espiritualidades mais elevadas, levando tudo a uma condição que supera as agruras terrenas, e dá continuidade à progressão na aquisição de potenciais infinitos. Todavia ações individuais podem mudar as consequências de acontecimentos. Um roedor caído na armadilha da natureza pode agir a fim de provocar uma mudança na situação em que se encontra.

Nós, humanos, numa situação de roedor encurralado, também agimos com o mesmo objetivo de tentar salvar a própria vida, com a diferença, porém, de que temos consciência do propósito divino, que não é alterado por acidentes de percurso durante a evolução espiritual de cada criatura. Há de se crer que existe uma razão maior pela qual estamos aqui.

44. A vida só existe no planeta Terra?

A abiogênese, hipótese segundo a qual os seres vivos se originam espontaneamente de matéria não-viva, está cientificamente invalidada. Descartada a presunção de evolução espontânea, restaria o criacionismo, segundo o qual Deus criou todas as plantas, todos os animais e o homem subitamente e assim como são hoje. Entretanto o que a ciência nos revela com muitas evidências é que a matéria viva resultou da complexidade gradual da matéria inanimada, isto é, o primeiro ser vivo, microscópio, surgiu da não-vida. Em nosso planeta, há 3,5 bilhões de anos, formaram-se compostos orgânicos, que foram se organizando em cadeias moleculares, emaranharam-se em estruturas mais complexas e acabaram sendo envolvidos por uma membrana. No interior dessa membrana, continuaram as reações entre os compostos orgânicos, e foi se formando o primeiro organismo unicelular. No decorrer de pelo menos dois bilhões de anos, a vida na Terra se resumiu na existência desses seres procariontes, organismos formados por uma única célula desprovida de núcleo, com material genético disperso no citoplasma. Essas células primárias acabaram por envolver os ácidos nucleicos por uma membrana nuclear, e esse material que controla as atividades celulares e contém as informações genéticas permitiu a evolução para seres unicelulares mais complexos, e daí para os seres pluricelulares. Carbono, hidrogênio, oxigênio e nitrogênio, e até mesmo moléculas orgânicas, têm sido detectados em muitos pontos do cosmo. Sendo esses elementos – basicamente o exigido para vida – capazes de reagir entre si para formar moléculas proteicas e ácidos nucleicos e gerar uma célula primitiva, por que não admitir que deles resultassem seres vivos unicelulares noutros locais do universo? Se a partir desses seres primários de complexidade crescente foram surgindo ao longo de milhões de anos as demais formas de vida na Terra, por que não acreditar que esse processo biológico evolutivo tenha se dado também noutras partes do Universo? As condições que permitiram o surgimento da vida na Terra existem noutros locais do Cosmo.

Se somente na Via Láctea, a galáxia à qual pertencemos, há milhões de estrelas – e existem milhões de galáxias no universo observável –, por que não haveria a possibilidade de algumas dessas estrelas terem um planeta gravitando em torno de si, assim como a Terra em torno do Sol? Temos dificuldade de comprovar isso por causa das distâncias que nos separam de "outros mundos." Se fossemos viajar na mais veloz espaçonave que possuímos até a Alfa Centauro, uma estrela que está bem próxima de nós, o percurso demoraria milhares de anos para ser feito. Entretanto, se conseguirmos mudar o nosso enfoque e acreditar que o Universo é constituído de infinitos mundos, isto é, de que há uma imensa possibilidade de existir planetas semelhantes ao nosso, haveremos de admitir a existência de seres humanizados noutros pontos cósmicos assim como há na Terra. Tal reconhecimento contraria a fé cristã, a não ser que Jesus, sendo ubíquo, cumpriria o seu papel de redentor também noutros pontos do Universo, assim como fez naquela pequena região da Palestina. Também seria necessário alcançar um novo entendimento do que seja a "salvação", para que a mensagem cristã de que o reino de Deus será futuramente aqui na Terra não fique prejudicada. O universo não existe tendo em mente a vida humana. O propósito de cada ser vivo – vegetal, animal, homem – está inserido num propósito geral da existência.

45. Recentemente, vi fotografias que confrontavam as criações do homem com as criações de Deus: um computador e um cérebro humano; um robô projetado pela NASA e um corpo humano; o *I girasoli* pintado pelo Van Gogh e uma flor natural.

Esses cotejos mostrando a superioridade da Natureza ajudam-nos a reconhecer a primazia de Deus? São alegorias bonitas do imaginário popular. Inspiradoras, comovem as pessoas com arraigada convicção religiosa. O homem que cria é uma criação de Deus, assim como a abelha que elabora o mel é uma criação de Deus.

46. O que dizer daqueles que superestimam o valor do estado contemplativo?

Acham que a reflexão metafísica conduz à solução dos problemas reais. É da natureza humana conjeturar sobre a essência do ser, mas as nossas indagações existenciais não têm que descambar para o imobilismo ou para práticas inúteis de fervor religioso. A teologia demasiadamente reflexiva limita a participação ativa na transformação do mundo para melhor. Intenções sem ações nada criam. Estamos nesta vida para laborar incansavelmente a fim desenvolver em todos o amor que nos fará evoluir espiritualmente, e, obviamente, não é fechando os olhos e os ouvidos para as formas e o alvoroço do mundo que haveremos de crescer.

47. A espiritualização não é dificultada pelo fato de que tudo se baseia no invisível?

Átomo é a partícula de elemento químico que se supunha indivisível (do grego *átomos*, que não pode ser dividido) e cuja fissão tornou-se hoje corriqueira. Prótons e nêutrons, constituintes do átomo, são formados por partículas ainda menores – quarks e léptons – tidas como fundamentais. Os físicos já falam numa real possibilidade de comprovação da existência do "bóson de Higgs" (apelidada de "partícula de Deus"), uma partícula que teria sido a primeira com massa a existir depois do Big-Bang. A ciência está caminhando para identificar os Fatores Naturais descritos no correspondente postulado.

48. A ciência é contrária à religião?

Não intencionalmente. O cientismo não pode ser rotulado de arrogante porque tem descoberto coisas que eram tidas como insondáveis. Embora os métodos científicos não possam ser estendidos a todos os domínios da vida humana, nas últimas décadas aumentaram expressivamente os nossos conhecimentos sobre o universo, e a ciência e a tecnologia nos proporcionam hoje coisas que eram inimagináveis há cem anos. As leis da física têm sido descobertas através dos séculos, por que haveria de se esgotarem no século XXI? O homem comum tem hoje poderes que há mil anos eram reservados aos deuses. As novas revoluções científicas que estão por vir poderão abalar os fundamentos de certos credos, mas não intencionalmente. Deus criou a Lei que contém as leis físicas da natureza, cabe à ciência buscar por elas.

49. Um nível cultural elevado facilita entender o transcendente?

Os bons sentimentos e as ações deles decorrentes é que nos levam a crescer para melhor entender o que está além da natureza física. A embriaguez por sentimentos de superioridade cultural pode levar a entendimentos errôneos dos desígnios divinos.

50. Os modernos meios de comunicação de massa são úteis para a nossa espiritualização?

Reconhecemos as grandes obras de ficção que interferiram nos acontecimentos históricos, mudaram as atitudes das pessoas e o mundo para melhor, mas costumamos ignorar a outra face, os danos morais causados pela literatura de ficção, pelo cinema e, principalmente pelos programas de TV que insidiosamente invadem os lares a toda hora todos os dias.

A mídia seria um meio mais edificante de trocas de conhecimentos elevados, caso se limitasse a mostrar a realidade e não versões glamorosas que levam a interpretações equivocadas da vida, especialmente pelos jovens.

51. Por que ansiamos possuir bens materiais mais do que o necessário?

Costuma-se julgar as pessoas em função de sinais exteriores de sucesso, e faz parte da natureza humana a necessidade de ser apreciado:

somos sensíveis à opinião dos outros. Muitos não estão satisfeitos com o que tem, porque sentem necessidade de comprar coisas de que necessitam apenas para persuadir as demais pessoas do seu grupo de que possuem um *status* que impõe admiração e privilégios correspondentes. Não é o caso dos budistas, para os quais quanto mais você deseja, menos livre você é. A busca descontrolada de bens materiais é a principal causa dos infortúnios humanos. Esses bens inevitavelmente a gente perde. Quando os ganha, vive-se uma felicidade ilusória; quando se os perde, vem o desalento. Você deve desfrutar as coisas boas que o mundo oferece, mas aceitar a impermanência de tudo. Aproveite os prazeres, livre do medo de perdê-los, consciente da inevitabilidade das mudanças. Aceitando que tudo passa, você se livra do temor da perda e estará vivendo melhor o presente, sem ansiedade quanto ao futuro. Tudo é transitório, o homem perde tudo que tem, até a própria vida.

52. O que dizer da violência humana?

Certos atos de violência são mais facilmente justificáveis frente a preceitos religiosos do que frente às leis do homem. Matar, por exemplo, somente se justifica juridicamente se em defesa própria ou de outrem, enquanto que nos livros sagrados os episódios de matança são aceitos sob diversas alegações. No postulado dos Fatores Naturais, o ato de matar não se resume a homicídio. Matar o quê? Segundo a Lei, maior é o agravo quando a violência é praticada contra os mais virtuosos, porque eles são mais Deus. Mas violência contra qualquer criatura é uma violência contra Deus. Os seres-FI não se alimentam à custa da violência contra seres vivos, e o homem já poderia estar vivendo com uma alimentação exclusivamente lacto-vegetariana.

53. A democracia representativa é a melhor forma de governo?

Até que se descubra uma melhor. Embora tida como baseada nos princípios da soberania popular, nada mais é que um governo exercido pela minoria rica e poderosa, que decide como governar. Haveria menos distorções se governantes e governados estivessem juntos empenhados na realização do bem comum universal, mas isso somente poderá ocorrer quando desaparecerem as fronteiras separando territórios e nações. O sistema capitalista do futuro continuará consentindo o enriquecimento pelo trabalho, mas não permitirá a vida na penúria, tampouco o acúmulo de grandes fortunas.

54. **Por que países se desenvolvem mais que outros? O Egito, de mais de 2000 anos é pobre; a Austrália, um país de menos de três séculos, é um dos mais desenvolvidos do mundo. O Japão, que possui montanhosa e improdutiva metade da sua área, com território pouco maior que o Estado do Maranhão, é um dos países mais ricos do mundo. Por que o Brasil engatinha no seu desenvolvimento, enquanto os Estados Unidos é o que é? O Brasil não possui quase a mesma extensão territorial que os Estados Unidos? Não começou a ser colonizado no mesmo século em que aquele país teve iniciada as sua colonização?**

As raízes culturais e, principalmente, a educação é que fazem a diferença. A valorização da educação faz com que os demais fatores positivos de crescimento aconteçam – ética, atitude responsável, disciplina, organização, amor ao trabalho – e promovam o desenvolvimento até mesmo quando o país é desfavorecido de riqueza naturais. Com maior escolarização, há mais civilidade; o sistema produtivo torna-se mais eficiente; há menos desperdícios; as classes sociais são menos díspares; há maior cumprimento das leis; os cidadãos são mais conscientes dos seus direitos e deveres, e mais saudáveis porque possuem melhores conhecimentos de higiene e saúde coletiva. A honestidade também faz a diferença. É muito significativo constatar que na Alemanha os metrôs não têm catracas, e que ao lado dos jornais empilhados há uma caixinha para colocar-se o dinheiro do pagamento. Lá as agências bancárias não possuem nenhum sistema de segurança ostensivo, e as caixas eletrônicas instalados nas calçadas funcionam dia e noite sem nenhuma vigilância.

Quanto ao progresso dos países colonizados, o desenvolvimento pode estar relacionado ao modelo de especulação metafísica deixada pelos colonizadores. Brasil e Estados Unidos tiveram a sua colonização iniciada no mesmo século, respectivamente pelos portugueses, católicos; e pelos ingleses, protestantes. É claro que fez diferença o fato de que enquanto no Brasil os colonizadores exploravam as riquezas naturais para enriquecimento de Portugal, os bens criados pelos colonos ingleses eram aplicados no desenvolvimento da própria colônia. Entretanto, a espoliação dos recursos naturais brasileiros cessou após pouco mais de cem anos, o que faz que, cronologicamente, a colonização de ambos os países tenha sido muito semelhante. Os historiadores têm sobre o atraso brasileiro várias explicações, e alguns incluem como causas de diferenças o fator religião. Enquanto para os colonizadores ingleses protestantes a riqueza material como fruto do trabalho era meritória, o catolicismo dos portugueses desestimulava o sucesso econômico, os vultos mais reverenciados da Igreja Católica viam com suspeição os que enriqueciam, talvez em função de ênfase exagerado às observações depreciativas que Jesus fez sobre as riquezas e os ricos. Hoje todos os povos esclarecidos estão seguros de que, embora riqueza econômica não seja suficiente para torná-los felizes, enriquecer não é pecado.

***

55. **Que é Deus no postulado dos Fatores Naturais?**
É o amor pleno. Uma Consciência Cósmica, a Vontade Primordial Criadora inscrita na LEI que estabeleceu e mantém a ordem natural de tudo. É o ser perfeito, possuidor de todos os Fatores Naturais.

56. **O Deus do postulado dos Fatores Naturais não é o mesmo das religiões?**
É o mesmo ser Único e Perfeito, o que não contraria as crenças monoteístas, mas é diferente das tradicionais concepções de divindade. A Vontade Primordial Criadora do postulado dos Fatores Naturais soa estranho para os que foram condicionados a ver um Deus personalizado. Mas nem todos veem Deus assim. No Zen-Budismo,

cabe Deus sem religiões instituídas. No Budismo, embora não haja um deus criador do mundo, há igualmente uma deidade na forma de sabedoria divina, um sagrado não institucionalizado, uma ideia de Deus não definida claramente como nas religiões abraâmicas. No postulado dos Fatores Naturais, Deus está em você. Isso é ratificado com o testemunho de João no Novo Testamento (14:10,11): "Não credes que estou no Pai, e que o Pai está em mim? As palavras que vos digo não as digo de mim mesmo; mas o Pai, que permanece em mim, é que realiza as suas próprias obras. Crede-me: estou no Pai, e o Pai em mim..." Mas o que há de fundamental nesse postulado é que Deus vai se tornando revelado pela prática do bem, ao contrário das religiões abraâmicas, em que Deus deixou tudo revelado nos livros sagrados.

57. **O postulado dos Fatores Naturais é deísta ou teísta?**

Admite a possibilidade do conhecimento da existência de Deus por meio da razão, mas que razão suficiente para tal só a possui seres supra-humanos. Concorda inteiramente com o deísmo, que rechaça toda revelação divina, portanto a autoridade de qualquer Igreja. Defende a crença na existência após a morte e da retomada pela criatura à condição de vida, mas não acata a noção de punições em função de como se tenha vivido. Não contempla um Deus nos premiando ou castigando segundo os nossos atos. Está explicitamente em desacordo com a ideia de um Deus pessoal interferindo na vida das suas criaturas, sustentando que o livre-arbítrio que possuímos rechaça qualquer ideia de um Deus cassando o direito que Ele nos concedeu de escolher o próprio caminho. A diferença fundamental entre o monoteísmo clássico e o postulado dos Fatores Naturais é que naquele existe duas realidades fundamentais, ou Deus e tudo o mais; enquanto que neste há apenas uma realidade, ou Deus, que é tudo.

58. **Que são Fatores Naturais?**

São porções infinitesimais da Vontade Primordial Criadora, que conferem qualidade às criaturas. Algo como as centelhas divinas que, segundo a cosmogonia hassídica, tornaram-se disponíveis com a criação do mundo.

59. Que é conjugação?

É a migração do atmã para um organismo, conferindo-lhe vida.

60. Que é atmã?

É uma unidade funcional de formas diversas constituída de um agregado com diferentes quantidades de Fatores Naturais (porções da Vontade Primordial Criadora), que anima o ser vivo e do qual se separa com a morte. Está em conexão com tudo, num constante enriquecimento de Vontade, avançando no conhecimento divino para tornar-se a própria Divindade. Metaforicamente, o atmã é como se fosse a sombra de um ser vivo, cujos contornos se mantêm quando da ausência do ser.

61. Atmã é o mesmo que alma?

Pode chamá-lo de alma, se quiser, mas não é o principio espiritual atribuído exclusivamente ao ser humano. É uma consciência que sobrevive à morte do ser, seja ele vegetal, animal, humano ou supra-humano.

62. Que acontece com o atmã após a separação do organismo que o mantinha conjugado?

Continua sendo uma unidade funcional consciente que partilha da natureza de Deus. Mantém-se inalterado aguardando nova conjugação para vivificar e continuar evoluindo pelo acréscimo de Fatores Naturais.

63. Refiro-me especificamente ao atmã humano.

Quando um ser humano morre, o seu atmã se mantém com clara compreensão da necessidade fundamental de crescer espiritualmente, entretanto sem dispor de instrumentos para captação de novos Fatores Naturais. Entende o que é realmente importante em relação à existência terrena, recapitula o seu tempo de vida, vê que tipo de pessoa foi, lamenta as oportunidades de divinização perdidas, e deseja ardentemente voltar à conjugação com um corpo humano para retomar o seu enriquecimento.

64. Qual a melhor destinação a ser dada a um cadáver humano?

A cremação, que já é norma em alguns povos, embora proibida noutros. Quando falo em cremação, estou me referindo à destruição do cadáver, que irá assumir outros meios mais baratos e de menor impacto ambiental. Há que se superar também a crença na necessidade de alguns dias entre a morte e a cremação, para que a alma tenha tempo de desvincular-se do corpo. A despeito de crendices, futuramente não mais haverá sepultamento de cadáveres, em que, via de regra, o corpo leva vários anos para ser completamente degradado pelo processo bacteriano. As pessoas se libertarão do costume da manutenção de tumbas e de chorar diante delas como se fossem habitadas, e o planeta será poupado de cemitérios.

65. Percebo que o postulado dos Fatores Naturais não acolhe "espíritos"?

A rigor, nem "alma", porque embora atmã seja a parte imaterial do ser, ele está presente, transcendente, em todas as criaturas com vida, sejam elas vegetal, animal ou ser humano. Atmã também não é o "espírito" da concepção costumeira.

Aqui cabe comparar o atmã do postulado dos Fatores Naturais com alguns conceitos referentes a Espíritos, dados por Allan Kardec em O Livro dos Espíritos:

– "*Espíritos são seres inteligentes da criação.*"

Atmãs são partes do Criador, que embora presentes em todos os seres vivos não conferem a todos eles inteligência. A faculdade de aprender e apreender começa surgir a partir de quando o organismo vai se tornando suficientemente complexo para abarcar um atmã de maior qualidade, de mais Vontade.

– "*A criação dos Espíritos é permanente, Deus não cessou jamais de criar.*"

A criação dos seres é permanente, a partir de transformação da energia pela Vontade Primordial Criadora.

– "É matéria (o Espírito) *quintessenciada, mas sem analogia para vós outros, e tão etérea que não pode ser percebida pelos vossos sentidos*".

Caberia numa definição de atmã.

– "*A existência dos Espíritos não tem fim; é tudo o que podemos dizer, por enquanto.*"

O atmã evolui para criaturas supra-humanas, cujo fim é o próprio Criador.

66. O que está antes do humano, do ser-FH?

Tudo que não atingiu a consciência de que é parte de Deus e de que o amor é a salvação. Todas as criaturas que não atingiram a faculdade de ação consciente para promover o próprio crescimento espiritual: a hortaliça, que não pode mover-se para escapar da voracidade do coelho; o verme, que se move inadvertidamente à frente da galinha; a ovelha, cuja consciência é suficiente apenas para não levá-la a caminhar ao lado do lobo.

67. Que são seres-FI?

Não pertencem à humanidade. Os seus agregados de Fatores Naturais atingiram um nível de deidade tal que os exime de passarem por novas experiências terrenas, portanto estão definitivamente libertos do grilhão de um corpo físico. Como todas as demais criaturas, continuam evoluindo mediante captação de Fatores Naturais para se tornarem ainda mais divinos.

Mais próximos de Deus que estão, os seres-FI poderiam ser interpretados como sendo os missionários do amor que, segundo as Escrituras, substituirão o homem na Terra, dando lugar à transição do planeta para uma nova era de paz e felicidade. Entretanto, povoam ao nosso lado, invisíveis a nós, cujo cérebro não permite visualizar realidades quadridimensionais.

68. O ser-Fn é um homem-Deus?

O homem, o ser-FH, torna-se uma criatura supra-humana quando suficientemente provido de Fatores Naturais. A evolução continua acontecendo gradativamente, os seres alcançam sucessivos patamares espirituais, em cujos estados transcendentes a metafísica dos tempos de humanidade não tem absolutamente nenhum sentido.

69. O postulado dos Fatores Naturais está baseado num dogma...
É eclético, uma escolha do que há de menos irracional nas crenças dogmáticas. É um meio-termo para contornar os argumentos indefensáveis das religiões que tentam infrutiferamente responder todas as perguntas e conciliar a fé com a razão.

70. E sobre "pedacinhos" de Deus?
Você é apenas frações divinas, se fosse o Inteiro obviamente seria Deus. A ideia de que Deus está presente em tudo resulta na assertiva de que tudo encerra algo de bom. Essa é a proposta do postulado dos Fatores Naturais: toda criatura é divina, já que nada existe que não seja partes de Deus. Isso não é uma novidade. No animismo, um estágio primitivo da evolução religiosa, a crença de que todas as coisas da natureza, tanto animadas quanto inanimadas, têm alma, refuta a interpretação das religiões que distinguem o que é sagrado e o que é profano. No animismo, matéria inerte, planta e animais são também dignos de veneração. Em muitas crenças aborígines, há uma intensa veneração da natureza, todas as coisas estão interligadas, têm um objetivo, uma fagulha divina. Que Deus está em todas as formas de vida é quase uma unanimidade, mas o postulado dos Fatores Naturais inclui Deus nas coisas inanimadas. Se a coesão de átomos resulta nas moléculas e nas células que constituem um organismo, Deus não poderia estar somente nos átomos presente no ser vivo. Está também em cada átomo constituinte de uma pedra, pois se trata das mesmas partículas de elementos químicos que formam a menor quantidade possível de se combinar para resultar numa substância, qualquer que seja ela. Tanto as substâncias minerais, como os vegetais e os animais estão alinhados com o ser humano no mesmo impulso evolucionário do universo. Reunidos, são o Todo; isoladamente, são frações divinas maiores ou menores, situam-se em estágios diferentes

de divinização. O alinhamento com esse impulso evolucionário resulta em ganhos de Fatores Naturais, que divinizam. O homem é o único ser terráqueo que pode usufruir esses ganhos conscientemente pelo amor e pela prática do bem. Na Terra, o homem é o ser mais próximo da imagem de Deus, o mais avançado no caminho de volta à Origem, já conquistou a percepção da sua conectividade com Deus.

Temos um longo caminho para nos tornarmos a Divindade, mas já dispomos de vislumbres de uma sabedoria que transcende a realidade humana, por isso, querendo, podemos, desde agora, ser como Jesus. A frase bíblica "O reino de Deus já está dentro de vós" coaduna-se perfeitamente com essas ideias. O Reino de Deus não é nosso, é de Deus, mas será nosso, porque nos tornaremos Deus.

71. **"Somos Deus." Não é uma blasfêmia?**

Blasfêmia contra o quê? A sensação da presença de Deus em você não é consoladora? A crença nesse enfoque de qualidade sagrada da vida é inspiradora, embora possa levar ao desinteresse pelas práticas religiosas tradicionais. Mas qual é a consequência de não ser religioso, se você é bom? Se você crer que é sagrado, as consequências dessa crença não serão boas?

Há interconexão de tudo com tudo. E como Tudo é uma única coisa, Tudo é Deus. A sutileza reside no fato de que somos parte do Tudo, portanto, partes de Deus. Como Deus cria tudo, implica que cria o múltiplo, e que este está se revertendo para a unidade (Unidade). Para aceitar isso, basta crer que há uma Unidade conectando todas as coisas. Dê-se a essa unidade o nome que cada um bem entender: em nada muda o essencial.

72. **Que história é essa, no postulado dos Fatores Naturais, de que uma laranjeira em dado momento passa a ser uma coisa que não é uma laranjeira?**

Desde Aristóteles ("O sistema é mais do que a simples soma de suas partes."), o Universo tem sido visto como um organismo, como um todo integrado, e, como tal, todos os seres, inclusive o humano, fazendo parte dessa totalidade organizada. A evolução criativa extrinsecamente organizada tendo que ter uma finalidade, esse Fim só pode ser Deus. Em termos de Terra viva – que faz parte do cosmo vivo –, não é o eu, individual, que importa, mas o conjunto de todas as criaturas. Tudo está evoluindo e convergindo para o Zênite. Costumamos nos sentir no apogeu de um processo evolutivo que teve o ser humano como objetivo, todavia nada mais somos que um dos infinitos ramos da árvore genealógica da evolução. Todas as demais criaturas – minerais, vegetais, animais – também evoluem, avançam para novas condições que perpassam pela do ser humano e se continua por um processo de iluminação. Temos de nos ver como simples elo nesse processo, ter a humildade de reconhecer a nossa verdadeira dimensão dentro dos desígnios divinos. O homem não é uma criatura especialmente escolhida de Deus. O fato de que os insetos, por exemplo, não nos mostram um estado de evolução crescente de inteligência não significa que não evoluam em outras dimensões. Os zilhões de insetos que morrem a cada segundo na Terra, e cujo atmã volta a se conjugar com a matéria organizada, podem vir a ter esse atmã conjugado, em outros mundos, em organismos imediatamente mais evoluídos. Se há milhões de anos as bactérias encontram-se mantendo uma mesma forma aqui na Terra, é porque elas encerram um propósito superior mais imediato que é o de manter o ambiente terreno propício para evolução de outras formas. Lampejos do despertar bacteriano encontram-se latentes, prontos para desabrolharem noutros pontos do cosmo. Neste planeta, insetos, bactérias e laranjeiras são sustentáculos provisórios de outras formas de vida. Pode ser que o Homem ainda venha a passar por essa mesma situação de relativa inferioridade noutras dimensões em que prevaleçam criaturas de natureza supra-humana.

73. **Qual é a importância do postulado dos Fatores Naturais?**

Você não percebe? Significa uma revolução copérnica na crença da existência de uma força sobrenatural criadora do Universo. A ideia central do postulado permanecerá à espera de uma aceitação geral que poderá levar séculos, assim como afirmava Max Planck, referindo-se aos avanços científicos: uma nova verdade não triunfa ao convencer os seus antagonistas e fazê-los enxergar a luz, mas sim porque estes morrem e surge uma nova geração familiarizada com ela.

***

Apêndice

Postulado dos Fatores Naturais

Se tudo começou com o *big-bang*, o *big-bang* foi Criação, a Vontade de Deus. Se o cosmo está destinado a expandir-se indefinidamente, o infinito está inscrito na Vontade de Deus. Se a expansão cósmica vai se reverter para um *big-crunch*, o *big-crunch* é a Vontade de Deus. De qualquer modo, sempre haverá um ponto de equilíbrio que é a Vontade de Deus.

Deus é uma **Vontade Primordial Criadora**, a Vontade inscrita numa LEI que estabeleceu e mantém a ordem natural de tudo. E o fim de tudo é o próprio Criador, a Fonte da qual tudo veio a ser. Esse paradoxo coincide com o que muitos cosmologistas acreditam: o universo está se expandindo, vai atingir um ponto máximo de expansão e começará a se contrair até ser comprimido num ponto máximo de contração. De um ponto a outro está Deus. A criação do universo seria eternamente cíclica: iria do *big-bang* ao *big-crunch*, para ocorrer um novo *big-bang*. De Deus para Deus, conforme algumas visões filosófico-religiosas em que não houve um início absoluto para o aparecimento do universo, o mundo seria o resultado de uma série cíclica que sempre ocorreu e continua ocorrendo.

A **Vontade Primordial Criadora** irrompe em **porções infinitesimais** geradoras de energia encerrando potencialidade para transformar-se e resultar todos os demais eventos. O Universo é no início apenas **Vontade Primordial Criadora** e energia por Ela criada. A energia é criada pela **Vontade Primordial Criadora** para ser transformada em elementos primários submetidos a um processo de evolução. A criação de energia significa um impulso evolutivo permanente que dá origem a uma cadeia de transformações que culmina em um Ser Perfeito: o próprio Criador da energia. Portanto, a **Vontade Primordial Criadora** tem como desígnio seres gradualmente mais perfeitos até que a energia transformada ressurja como o Criador, um processo evolucionista que é objeto de si próprio, tem como escopo o retorno a si mesmo, ao Início.

A transformação da energia sob forma radiante em partícula com massa é o mais elementar dos passos evolutivos, a ação da **Vontade Primordial Criadora** resultando em um ser primário. Daí em diante o ser continua evoluindo na direção de uma causa final, de um Ponto Culminante. Trata-se de uma evolução fazendo com que as criaturas – todas as coisas são criaturas –, por etapas sucessivas, se tornem o Criador. Essa transformação é para o ser humano uma busca racional, mas a sensação de desejo por algo maior que inspira o homem está latente nos demais seres sencientes e também nos seres inorgânicos.

À evolução tudo está sujeito, desde a matéria inanimada, que dá origem à animada. A evolução orgânica das espécies proposta pela teoria da seleção natural, embora em si não seja a evolução de que estamos tratando, não implica uma visão ateísta da natureza, conquanto evolução é sempre assumir novas representações divinas no cenário do universo.

Às porções infinitesimais da **Vontade Primordial Criadora** daremos o nome de **Fatores Naturais** (que poderia ser a arché, princípio que está presente em todas as coisas, segundo os filósofos pré-socráticos; ou a mônada, que, no sistema de Leibniz, apresenta características de imaterialidade, indivisibilidade e eternidade.) Os Fatores Naturais são atributos de Deus, fazendo com que a energia realize trabalho. Todas as coisas que constituem o universo – as criaturas, inclusive o homem – tiveram origem na combinação de Fatores Naturais com energia, sendo Fatores Naturais a realidade fundamental defendida pelas filosofias monísticas, e energia a primária obra da Criação. A **ação de Fatores Naturais** sobre a energia resulta em matéria, o primeiro passo na escalada evolucionista.

Matéria, então, é Fatores Naturais mais energia. A qualidade da matéria depende da quantidade de Fatores Naturais agregada nela.

Todos os seres – todas as criaturas – diferenciam-se entre si pelos aglomerados de Fatores Naturais. Esses aglomerados são mais ou menos complexos conforme a quantidade de Fatores Naturais neles presentes, e a sua diversidade intensiva é dinâmica e progressiva, pois os Fatores Naturais agrupados tendem a atrair mais Fatores Naturais, como se fossem ímãs atraindo limalha de ferro. (Em termos abstratos, o ser mais simples da natureza seria energia contendo um único Fator Natural.)

Entendido Fatores Naturais como "porções" da **Vontade Primordial Criadora**, aglomerado mais complexo é aquele que possui mais Vontade. E como todos os seres cósmicos têm essa presença de Deus, implica que todas as criaturas do universo – elementos, minerais, vegetais, animais, humanas e supra-humanas – têm em si algo de divino, portanto, Vontade. O Artífice do Universo é, assim, o próprio Universo, e tem partes de Si em cada criatura produto da Sua arte. Como os seres evoluem à medida que adquirem Fatores Naturais, pode-se dizer que seres mais evoluídos são aqueles que têm um maior quinhão de Deus. O homem, por ter em maior quantidade essas Partes, embora não tenha ainda desenvolvidas todas as potencialidades, é o ser mais perfeito da Terra.

Não sabeis que sois o templo de Deus e que o Espírito de Deus habita em vós? (I Coríntios: 3,16)

Naquele dia conhecereis que estou em meu Pai, e vós em mim e eu em vós. (João: 14,20)

Há no cosmo, então, fundamentalmente apenas duas coisas: Fatores Naturais e energia, do que resulta tudo o mais. Fatores Naturais é Vontade do Criador, e energia (os físicos quânticos dizem que tudo é energia vibrante e em mutação), numa forma não mensurável pelos espectrômetros, é o substrato transformável pelos Fatores Naturais em matéria.

Em todas as coisas, desde as mais elementares até os seres vivos da maior complexidade e o homem, há apenas Fatores Naturais e energia transformada. Deus possui a faculdade de tudo, tudo possui alguma faculdade de Deus. Tudo existe a partir de transformações energéticas segundo a Vontade de Deus.

Se a ciência pudesse dissecar ao infinito a matéria, iria separar um último Fator Natural da energia, ou seja, iria encontrar a **Vontade Primordial Criadora** separada da sua criação: toparia com Deus. Se pudéssemos imaginar o máximo de complexidade a que um ser pode chegar, teríamos a visão da energia com todos os Fatores Naturais, de um ser perfeito: estaríamos diante de Deus.

Nessa proposta de modelo evolucionista, Deus não é um ser exterior ao mundo: Ele é o mundo. Tudo é Deus, tudo vem de Deus e tudo marcha para Deus, em realização de um propósito de Deus.

Eu sou o alfa e o ômega, o primeiro e o último, o começo e o fim. (Apocalipse: 22,13)

O ser mais simples é energia e Fator Natural, a partir de então os seres são energia e Fatores Naturais aglomerados. Os **aglomerados de Fatores Naturais** não são iguais uns aos outros, mesmo quando possuem a mesma quantidade de Fatores. Apresentam-se, à semelhança de um sistema eletricamente neutro, com várias cargas pontuais dispostas assimetricamente, ou, se preferirmos uma comparação biológica, obedecendo a códigos como em sequências de nucleotídeos na formação da cadeia polipeptídica. Outra comparação ilustrativa de um aglomerado de Fatores Naturais poderia ser uma montagem de *lego*, aquele brinquedo com peças de formas variadas e de cavidades e saliências permitindo a construção de figuras geométricas diferentes, conforme as opções que se apresentam de encaixar-se uma peça em outra preparada para recebê-la. Portanto, as diferenças entre os aglomerados de Fatores Naturais não são apenas quantitativas, os aglomerados variam também na sua forma espacial.

O infinito número de Fatores Naturais disponíveis e as suas infinitas diferentes disposições possíveis num aglomerado permitem uma infinita variedade de seres, que se distinguem uns dos outros pela quantidade de Fatores Naturais e pela complexidade do arranjo particular desses Fatores Naturais em cada um deles. As diferenças, por exemplo, entre uma pedra e uma flor, ou entre um peixe e um ser humano, são estabelecidas unicamente pela quantidade e pela disposição dos Fatores Naturais presentes nos respectivos aglomerados dessas criaturas. Assim, cada ser possui um aglomerado que lhe é próprio, uma determinada quantidade de Fatores Naturais dispostos em ordenação espacial que é exclusiva desse ser.

Quando a matéria muda as suas propriedades físico-químicas, e uma substância original se transforma em outra(s), há um desmanche do aglomerado de Fatores Naturais. Para uma nova substância, ocorre nova montagem de aglomerado que é própria dessa nova substância. Isso é assim somente nos seres inanimados (não vivos), em que os aglomerados se desfazem facilmente, e os Fatores Naturais passam à situação de transcendência, dispersos na natureza cósmica, aptos a serem atraídos e a se reagruparem para dar origem a uma nova substância. Não se confunda, porém, a consequência desse fenômeno com o resultado de reações químicas, que ocorrem paralela e independentemente: estamos falando de mobilização e desmobilização de Fatores Naturais, não de recombinação de átomos. A tendência da matéria bruta para receber forma já faz parte do processo evolutivo, mesmo que essa mudança não implique em reação química, por exemplo, quando o barro é ressecado em torrão, ou quando a pedra é plasmada em seixo rolado pela correnteza do rio. As transformações evolutivas ocorrem, portanto, conforme acréscimo e rearranjo de Fatores Naturais no aglomerado, e não em decorrência de fenômenos físico-químicos.

Nos seres vivos, o fenômeno não é exatamente idêntico ao que acontece nos seres inanimados, porque os seres orgânicos apresentam uma característica fundamental: o aglomerado de Fatores Naturais de um ser vivo é permanente, nunca se desfaz. Quando um ser morre, o aglomerado dele é liberado em bloco, isto é, com os Fatores Naturais agrupados na mesma quantidade e disposição que eram próprias do ser que morreu. Portanto encontram-se dispersos na natureza cósmica não somente Fatores Naturais livres e isolados, mas também aglomerados estáveis de Fatores Naturais que pertenciam a seres vivos.

A essência que anima o ser vivo é um aglomerado estável de Fatores Naturais com característica especial, porque possui um Fator Natural terminante a que chamaremos de **Fator-V**, um Fator que "termina" a composição do aglomerado. Um ser vivo com o seu respectivo aglomerado é comparável à força magnética de um eletroímã, em que cessada a corrente elétrica desaparece a força magnética. O aglomerado do ser vivo, como quando o ferro magnetizado está "animado" pela eletricidade, é animado por um Fator-V. Assim, um aglomerado com Fator-V só pode estar manifesto em estruturas orgânicas quando biologicamente arranjadas. Quando as estruturas orgânicas não se mantêm devidamente compostas, o aglomerado com Fator-V, sem desfazer-se, é liberado pelo fenômeno que entendemos como sendo a morte.

Inspirando-nos no sânscrito *atman*, adotaremos o termo "atmã" para indicar esse aglomerado com Fator-V, um aglomerado especial, diferente daqueles que possuem os seres inanimados, uma essência supercorpórea que existe em todos os seres vivos. Com a adoção do termo atmã, nos sentiremos mais à vontade para falar suprarreligiosamente de um princípio essencial que nos seres humanos – mais comumente neles – é tido como alma.

Cada ser vivo, então, é um atmã que sobrevive ao corpo, algo que jamais deixa de existir. Não entendamos, todavia, que atmã se refere ao homem exclusivamente, pois atmã é a essência do indivíduo com vida, seja ele humano, animal ou vegetal.

Portanto estamos chamando de **atmã** (o Eu, a alma individual no hinduísmo) a esses aglomerados amarrados definitivamente pelo

Fator-V, que não se desfazem, que uma vez montados mantêm-se distintos e aptos à captação de mais Fatores Naturais.

Atmã pode ser definido como um conjunto de Fatores Naturais – um deles o Fator-V – aglutinados num todo funcional, integrando um ser vivo ou liberto na natureza, em ambos os casos mantendo coesos os Fatores Naturais em quantidade e disposição próprias do ser vivo a que correspondem ou a que correspondiam.

(O atmã poderia ser tido como da natureza de um imaginário DNA sideralizado, uma espécie de consciência que, quando não conjugada com a matéria, encontra-se disponível num universo multidimensional.)

O que distingue, então, o ser inorgânico do ser orgânico é que o primeiro possui um aglomerado instável que pode desaparecer por dispersão dos seus Fatores Naturais; enquanto que o ser orgânico possui o atmã, um aglomerado que nunca se desfaz, mesmo com a morte do ser. Assim, todos os seres absorvem Fatores Naturais livres na natureza, mas enquanto os seres inanimados o fazem para montar ou aumentar um aglomerado instável, os seres vivos o fazem para ampliação de um aglomerado estável que já existe montado neles. Somente os seres vivos possuem o atmã – um aglomerado com o Fator-V mantendo definitivamente coesos os demais Fatores Naturais.

A vida emerge da matéria quando esta se encontra suficientemente organizada para aprisionar um Fator-V, que estabiliza o aglomerado. Em tudo, portanto também no mundo mineral, estão presentes Fatores Naturais, esse princípio que faz a coisa ser o que é. O que diferencia o mundo animado do inanimado é o atmã. Enquanto o aglomerado das "coisas" pode se desmantelar e perder os Fatores Naturais, que se dispersam, o atmã é liberado e, num estado de sideralidade, se mantém individualizado e correspondente à espécie do ser vivo que o liberou. Morto o ser, é mantido inviolável o seu atmã, virtualmente apto a reverter novamente à matéria orgânica incipiente, e dar ao ser vivo continuidade à sua expansão evolutiva mediante absorção de mais Fatores Naturais. A rigor, dizer que os seres "vivos" absorvem atmã é uma impropriedade, porque, na realidade, o ser torna-se vivo quando a matéria especialmente organizada absorve um atmã específico dessa organização. (Não se perca de vista que a matéria inanimada, ao absorver o Fator-V no seu aglomerado, também é vivificada, torna-se um ser com atmã.)

O Fator Natural terminante que estamos chamando de Fator-V aprisiona para sempre os demais Fatores Naturais do aglomerado. A absorção do Fator-V é a formação de um atmã, a transição da matéria inanimada para a vida. Por outro lado, a absorção de um atmã – de um aglomerado que já existia com seus Fatores Naturais mantidos coesos pelo Fator-V – se dá a cada vez que um ser vivo é gerado por reprodução, mesmo nos casos dos seres unicelulares em que a divisão da célula em duas corresponde ao próprio processo reprodutivo. E esse atmã absorvido é sempre próprio do organismo que o absorveu.

O atmã é imortal, mas não é a alma convencional exclusiva do homem consagrada pelas religiões. Mesmo as crenças que atribuem alma aos animais não estão em consonância com o postulado dos Fatores Naturais, em que o atmã está presente em todos os seres vivos, seja um musgo, uma árvore, uma borboleta, um pássaro, um cavalo, um ser humano. Você é um atmã. O fato de você poder dizer "meu corpo", por si revela que o corpo não é você, é algo que você possui, um meio para atingir um fim, um substrato para ser usado e abandonado, à semelhança da psicologia da autodisciplina meditativa, que faz parte das crenças religiosas indianas, em que o corpo é apenas um carro, o essencial é o condutor do carro.

Todo ser vivo possui um atmã que lhe é próprio, e o libera quando morre, isto é, quando os componentes orgânicos se desorganizam de tal modo que deixam o atmã escapar. Morto é um ex-vivo que perdeu o atmã, o atmã siderealizou-se, tornou-se disponível para ser absorvido novamente. Enquanto a matéria se transforma segundo leis físicas, químicas e biológicas, o atmã mantém-se uno, intacto e distinto, ou no ser vivo ou livre virtualmente apto a ser absorvido e a expandir-se pela adesão de mais Fatores Naturais.

Como já foi dito, a matéria atrai Fatores Naturais como a força magnética de um eletroímã atrai limalha de ferro. O ser vivo morre quando cessa a força magnética, assim como se tivesse cessada a corrente elétrica de um eletroímã. Qualquer matéria absorve Fatores Naturais, mas para que absorva um atmã ela deve estar especialmente organizada para recebê-lo e mantê-lo. Quando uma estrutura orgânica se desorganiza, o atmã escapa, sobrevém a morte, resta apenas matéria, um aglomerado instável de Fatores Naturais.

Como a absorção de atmã está subordinada ao estado estrutural do organismo, tem de haver uma base material especificamente organizada para que um atmã harmônico possa ser atraído. O atmã correspondente a um animal jamais poderia manifestar-se num vegetal, e vice-versa, assim como o atmã que se manifesta numa célula-ovo que vai gerar um cão não poderia manifestar-se numa célula-ovo que vai ser um pássaro.

Estando os atmãs espalhados pelo universo, disponíveis para serem absorvidos pela matéria orgânica e conferir vitalidade, podemos dizer que o universo – e não somente a Terra – é um gerador de vida. Ou que o universo é a própria vida.

Um instante de relevância é aquele em que o aglomerado instável do ser inorgânico absorve um Fator-V e ganha vida, torna-se um atmã. Isso pode não ser perceptível na Terra, mas ocorre noutros pontos do cosmo como já ocorreu em nosso planeta nos seus primórdios. O fator-V é um Fator Natural como outro qualquer, mas é a derradeira conquista do aglomerado instável de um ser inanimado. Quando um aglomerado instável atinge complexidade suficiente, um último Fator Natural, o Fator-V, encaixa-se nele como se fosse um cadeado, e a partir de então o aglomerado não mais pode desfazer-se. A absorção do Fator-V, a transformação da não-vida para a vida, é o ponto de transição do ser bruto para um ser biológico, que continuará a evoluir para formas superiores mediante a expansão do seu atmã pela captação de mais Fatores Naturais.

O postulado dos Fatores Naturais, admitindo que os organismos evoluem a partir de componentes inorgânicos, contraria o conceito de biogênese, em que todo ser vivo provém de outro ser vivo, mas se refere a um mundo cósmico e não ao planeta Terra. E o conceito de atmã implica uma especificidade biológica de absorção: determinado atmã somente pode ser absorvido por uma matéria organizada compativelmente. Por exemplo, o homem possui um atmã que lhe é próprio porque o organismo que atraiu o atmã foi uma célula-ovo humana.

Os Fatores Naturais são absolutamente iguais uns aos outros, porque são, como já explicado, porções da Vontade Primordial Criadora. Mesmo aqueles Fatores aos quais se está conferindo um nome – para melhor entendimento – não são diferentes. Portanto atmãs nada mais são que Fatores Naturais iguais agrupados diferentemente e definitivamente. E se somente há no universo Fatores Naturais e energia, o homem é, como todas as coisas, puramente Fatores Naturais e energia.

Os Fatores Naturais não tendo qualidades diferenciadas, conforme se agrupam é que conferem as qualidades próprias de cada aglomerado, isto é, as características do aglomerado são consequências não só da quantidade, mas também da disposição dos Fatores Naturais que possui. O aglomerado instável – na matéria bruta – é também uma estrutura individualizada que, porém, perde sua característica quando da dispersão dos Fatores Naturais. Ao contrário, a estrutura individualizada no atmã é permanente, e vai aumentando as suas qualidades conforme o aporte de mais Fatores Naturais.

Chamaremos de **Fator-H** – a exemplo do que se denominou de Fator-V – um outro Fator terminante, o derradeiro Fator Natural absorvido por um atmã para tornar-se humano. Quando o atmã absorve o Fator-H, conquista a sua humanidade, a criatura toma a forma humana – isso no planeta Terra, porque em outros sítios cósmicos a criatura que se convencionou chamar de Homem pode não ser morfologicamente igual a nós, embora equivalente. O homem é, então, um ser cujo atmã adquiriu o Fator-H, é uma criatura possuidora de um atmã que comporta consciência de si mesmo e inteligência desenvolvida suficientemente para pressentir que é parte de Deus. A partir de atmã-FH, o ser passa a conquistar Fatores Naturais por vontade própria, mediante o uso da razão como instrumento de captação, visando conscientemente elevar-se à condição de criatura supra-humana. O atmã-FH desmaterializado, liberado do corpo humano pela morte, não pode ser equiparado ao que Allan Kardec chama de Espírito, porque aqui estamos tratando do atmã-FH como sendo uma entidade transitoriamente humana, que evoluirá para outros tipos de criatura. Assim como o Fator-V, que aprisiona os Fatores Naturais que eram instáveis no aglomerado e faz brotar a vida; e assim como o Fator-H, que transumana a criatura; um Fator terminante eleva o homem a um estágio supra-humano. Chamá-lo-emos de **Fator-I**.

O Fator-I é um último Fator Natural passível de ser absorvido pelo atmã do ser humano. Absorvido pelo atmã-FH, o Fator-I eleva o ser humano à condição, digamos, de Ser Iluminado. A partir da absorção do Fator-I, a criatura tem Deus ainda mais adensado em si, e já não pertence à Humanidade. Esse novo ser, dotado de um atmã mais complexo que o do ser-FH, é um estado espiritual que deve ser o propósito de todos nós, uma promoção, uma elevação não como mera aspiração, mas como absoluta necessidade, assim como é absolutamente necessário o progresso de todos os seres. Portanto, a grande questão a desafiar a mente humana é o que devemos fazer e de que recursos dispomos para atingir essa meta.

A aquisição do Fator-I, entretanto, não é o ponto culminante de uma existência, é apenas mais uma mudança de estágio evolutivo sem a qual o ser não poderia ir além. Assim como o ser-FH não é o topo de uma sucessão evolutiva, o ser-FI também é apenas um elo na cadeia evolucional. O processo evolutivo tem que atingir um apogeu. Tudo avança na direção de um ponto culminante, e, de acordo com este postulado, em que cada Fator Natural absorvido é uma parcela da **Vontade Primordial Criadora**, o ser atinge esse Ponto Culminante quando absorve todos os Fatores Naturais e se torna a própria **Vontade Primordial Criadora**.

"Para que todos sejam um, assim como Tu, Pai, estás em mim e eu em Ti". (João: 17,21)

***

O esquema a seguir (que poderia ser apresentado circularmente para uma melhor ideia de ciclicidade) mostra que a evolução atinge um apogeu e se reinicia como que em sucessivas e eternas viradas de ampulheta, assim como os *yuga*, a concepção de ciclos temporais com que os indianos medem a idade do universo.

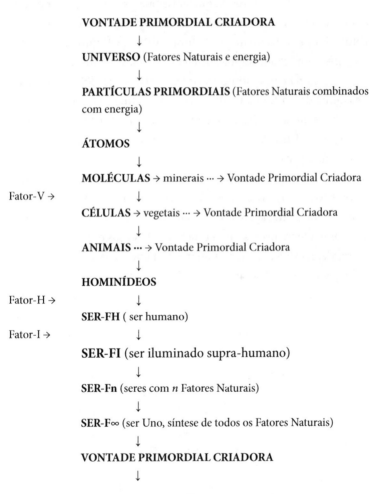

Neste outro esquema, semelhante ao anterior, somente a sequência de setas horizontais representa a trajetória da hominização. As setas apontadas para cima são bifurcações evolutivas que originarão outras bifurcações, já que a evolução, embora ocorra para um único fim, ramifica-se em múltiplas direções.

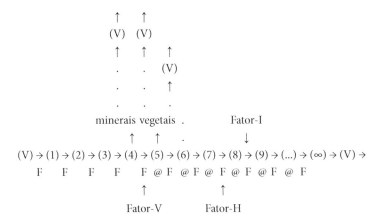

(V) Vontade Primordial Criadora
(1) Universo: Fatores Naturais e energia
(2) Partículas primordiais: Fatores Naturais combinados com energia
(3) Átomos
(4) Moléculas
(5) Células ou seres vivos microscópicos (atmã primitivo)
(6) Animais
(7) Hominídeos
(8) Ser humano (atmã-FH)
(9) Ser iluminado supra-humano (atmã-FI)
(...) Ser Fator-n (atmã-Fn)
(∞) Ser Uno: síntese de todos os Fatores Naturais
(V) Vontade Primordial Criadora

* F = Fatores Naturais dissipados passíveis de serem absorvidos de uma fonte eternamente renovável.
* Os Fatores V, H e I são Fatores Naturais terminantes.
* @ = Atmãs dissipados passíveis de serem absorvidos.

O resultado final das ramificações representadas pelas setas verticais orientadas para cima é idêntico ao das horizontais, isto é, evolução até a Vontade Primordial Criadora (V). Assim, o processo evolutivo não tem necessariamente de passar pela forma humana. Por exemplo, a partir do passo evolutivo número (6) originam-se seres de complexidade crescente, fora da trajetória da humanização, que, obviamente, não se encontram no planeta Terra, mas noutras dimensões cósmicas. Há noutros pontos do Universo atmãs que não se conjugam na Terra. Se um dia for encontrado num fóssil de espécie extinta uma célula que possua DNA intacto, provavelmente se consiga criar clones dessa espécie extinta, e o respectivo atmã estará presente nela aqui mesmo neste planeta.

Deus é permanente e impermanente. Os componentes do ar que você respira, a flor do seu jardim, os elementos que constituem a moeda que você tem no bolso, o seu cão e você próprio são aglomerados de Fatores Naturais ou quinhões de Deus, que se expandem até um Clímax que é o próprio Deus. Portanto, tudo será Deus, tudo será Vontade Primordial Criadora, onipotente, que cria tudo. O mundo está em estado de fluxo criativo cíclico, porque o Deus Permanente, que cria tudo, cria o Deus Impermanente (as suas criaturas), que evolui para o Criador, portanto para tornar-se o Deus Permanente, que cria tudo. Assim, o universo é continuamente gerado por um Criador que se cria, a si próprio. É o mistério de Deus.

Tudo foi Deus.
Tudo são partes de Deus.
Tudo será Deus.
(O homem é um ser inacabado de Deus.)

O gameta, a célula sexual haploide, não possui atmã, somente aglomerado instável de Fatores Naturais. A conjugação do atmã ocorre quando os gametas de sexo opostos se fundem, na fecundação, dando origem ao zigoto, que é um ser vivo, portanto com atmã específico, exclusivo.

O surgimento de um ser humano se dá quando um gameta feminino é fecundado, mas o indivíduo já existia antes da fecundação, na forma de atmã-FH desmaterializado que se encontrava na natureza desembaraçado da matéria. A vida humana começa com a fecundação, mas é fugidia, volátil, tanto que se o embrião não conseguir fixar-se na parede do útero – o que não é raro –, o atmã retorna ao estado latente e permanece aguardando nova oportunidade de conjugação. Se houver mais de um embrião viável, atmãs diferentes serão absorvidos por cada um desses embriões. Se um mesmo zigoto dividir-se para originar mais de um indivíduo – gêmeos univitelinos –, cada qual terá um atmã distinto, embora sejam criaturas geneticamente iguais. Poderíamos dizer que o atmã desmaterializado "espera ansiosamente" pela conjugação com um organismo, porque lhe é dado compreender que somente pode continuar a sua evolução conjugando-se novamente. Estamos presumindo que o atmã-FH deseja com muito afã voltar para novas experiências no mundo físico, mas não arriscamos a aventar que isso depende apenas da vontade dele. (Haveria intervenção dos seres-FI no evento?).

Após a absorção do atmã, cabe ao ser humano enriquecê-lo de novos Fatores Naturais até tornar-se um atmã-FI. Essa ascensão é mais ou menos rápida segundo o desejo de cada um, porque o ser humano é uma criatura que atingiu um estado evolutivo em que a absorção de Fatores Naturais se dá por méritos conscienciais, pela vontade de se tornar melhor. Cada ser humano que desponta é um atmã que já tinha definido um caráter em vidas anteriores, suscetível de aperfeiçoamento pela reflexão sobre as próprias experiências terrenas. As características hereditárias do indivíduo são apenas somáticas. O corpo é a qualidade do instrumento que o atmã dispõe para conquistar Fatores Naturais; e o meio ambiente onde ele está é o palco onde realiza as suas conquistas. Portanto o indivíduo nasce com potencialidades latentes, variáveis conforme conquistas espirituais adquiridas em vidas precedentes, e não num estado de mente totalmente vazia – de tábula rasa, segundo querem os empíricos. O nível de espiritualidade que possuímos deriva das experiências de vida, acrescentado das percepções que cada um de nós tem do meio ambiente em que vive. E o grau de espiritualidade que se vinha acumulando em vidas precedentes não ficará restrito aos limites da vida atual. A cada morte do corpo físico, o atmã terá somado mais Fatores Naturais que se conservam num tipo de memória semelhante ao que Ante Goswami chama de quântica.

Qualquer ser vivo, por que possui um atmã, tem algum grau de percepção. A autopercepção começa a manifestar-se nos animais superiores – alguns apresentando vislumbre de um sentido moral –, mas a consciência de Deus é um atributo dos seres terráqueos somente a partir da apreensão do Fator-H pelo atmã (noutros sítios cósmicos haverá de ter seres equivalentes aos humanos que, portanto, também têm consciência de Deus).

Embora os atmãs possuam distintos graus de adiantamento, o destino de todos é a perfeição absoluta, que é o dom de Deus. Enquanto a divinização plena não acontece, os atmãs, inclusive o do homem, são incompletos, faltam-lhes ainda Fatores Naturais. Entretanto todos os atmãs – como também os aglomerados instáveis de Fatores Naturais – são identicamente puros, porque são inteiramente energia e Vontade de Deus.

O postulado dos Fatores Naturais apresenta fundamentação semelhante à de muitas vidas da visão de algumas doutrinas. Entretanto, enquanto em tais doutrinas a alma imortal que transmigra de um corpo para outro é sempre igual, aqui atmã é considerado um princípio inconcluso em constantes mudanças para se completar, desde quando ainda nem sequer era atmã. Por outro lado, os termos encarnação/reencarnação não seriam apropriados para indicar a volta do atmã à vida. O termo **conjugação** (ou corporificação) indica melhor o instante em que um organismo absorve o atmã que se encontrava livre. Como o atmã é atributo de todos os seres vivos, não nos serviria o vocábulo "encarnar" (de carne) para indicação da conjugação com um organismo vegetal. Quanto às formas inanimadas, obviamente a conjugação não se aplica, porque a matéria inerte absorve Fatores Naturais, e não atmã. Mas, como vimos, a partir de quando o aglomerado instável suficientemente denso de Fatores permite o encaixe terminante do Fator-V, ele passa a ser um atmã.

O atmã conjuga-se com a matéria biológica atraído por uma força semelhante à força magnética de um ímã. Embora a matéria seja uma mesma e universal, ela tem que estar organizada de forma definida para receber um atmã específico (alga, pinheiro, abelha, peixe, ser humano), de modo que a conjugação possa estabelecer a individualidade física. Após a morte, o atmã liberado estará disponível para uma nova conjugação que resultará um indivíduo novamente pronto para prosseguir evoluindo. A conjugação é uma ocorrência em todos os seres vivos, com particularidades de espécie, até que uma determinada saturação de Fatores Naturais permita a absorção de um Fator terminante compatível com a natureza de espécie mais evoluída, a partir do que o atmã é induzido a conjugar-se em matéria organizada dessa outra espécie, ou seja, o ser terá atingido um degrau mais alto na escada evolucional. Quando o atmã-FH atinge o estágio evolutivo atmã-FI, liberta-se da necessidade de corpo humano e cessam para ele as conjugações corpóreas, porque esse atmã-FI já teve suficientes experiências de vida e, consequentemente, não mais necessita de vida para prosseguir na sua evolução.

A LEI não faz distinção entre matéria inanimada, vegetais, animais e seres humanos. A potencialidade para evoluir que há nos minerais existe como impulsos nos vegetais, como tentativas inconscientes nos animais e como esforços conscientes no homem. O ser humano diferencia-se dos demais seres vivos terráqueos especialmente pelo fato de ser um atmã que comporta razão, uma faculdade que lhe confere buscar pela própria vontade a adição de Fatores Naturais, os quais podem ser fartamente encontrados no caminho da virtude. Daí a importância das boas ações, do exercício do bem.

Resignadamente, nós, humanos, não somos uma criação especial de Deus, somos, como quaisquer outros seres, vivos ou inanimados, meros elos na cadeia evolucionista de um formidável concerto cósmico. Os filósofos da Antiguidade já argumentavam sobre a nossa presunção, e nós tivemos a confirmação dessa verdade quando Copérnico tirou a Terra do centro do universo e afastou o trono que nos mantinha como soberanos do reino do mundo.

Heráclito dizia que "tudo flui, nada persiste nem permanece o mesmo, e o ser nada mais é que o vir-a-ser". Aristóteles imaginava um processo evolutivo vegetal-animal-homem – uma escala abrangendo a vida. Esse movimento perpétuo de devir faz com que um ser humano nunca seja igual a outro seu semelhante. Uma pessoa nem sequer é igual a si mesma como era antes, na medida em que as qualidades presentes nela quando iniciada a observação mudaram, eram de natureza transitória e o ambiente em que ela estava inserida também se transformou. O ser nunca é que era, o ser que a fotografia fez parar no tempo não existe, passou a ser outro.

Do mesmo modo que não se pode entrar duas vezes no mesmo rio (porque, atenta a filosofia grega do devir, na segunda vez a água é outra), aquele corpo físico que eu tinha quando comecei a escrever esta página não é mais o mesmo, perdeu água e células, houve trocas energéticas, renovou-se. É possível – se a minha intenção com a apresentação do postulado dos Fatores Naturais for a de ajudar as pessoas – que no espaço de tempo em que escrevi este livro eu tenha absorvido alguns Fatores Naturais, aperfeiçoei-me, evoluí moralmente, o meu atmã também não é mais o mesmo.

A Criação é dinâmica, nós, humanos, somos criaturas enriquecendo o atmã, condutoras da nossa própria imortalidade. Nossa evolução nos confundirá com o Criador. Deus está em partes em você e você será Deus, imensurável, de qualidade plena, um Atmã com todos os Fatores Naturais.

Os Fatores Naturais se estendem desde a matéria inanimada à potência vegetativa e aos animais, passa pelo homem, cada vez em maiores quantidades, até tornar-se um ser Uno, que é a totalidade dos Fatores Naturais. Plotino afirmava que antes do multíplice se tem o Uno, mas, aqui no postulado dos Fatores Naturais, o Uno é contemporâneo do multíplice. Pelo postulado dos Fatores Naturais, todos os seres são parcelas do Uno e, por conseguinte, o Uno existe neles. Então, o Uno é, sim, contemporâneo dos seres, e também anterior a eles. A nossa incapacidade de indagar sobre o Uno por meio da razão é porque não temos ainda razão suficiente, mas evoluímos no sentido dessa compreensão, até nos tornarmos o próprio Uno, obviamente possuidor de uma compreensão completa de si mesmo.

O que mais pode ser tido como inverossímil no postulado dos Fatores Naturais – além do dogma da reencarnação, aqui tratado como conjugação – é que componentes inorgânicos possam adquirir vida. A pedra, que não tem vida, também possui Fatores Naturais, portanto é divina e tem potencialidades como todos os seres. Quem somos nós, seres humanos? O que é o pó, o micróbio, a rosa, a serpente, o macaco? Tudo está unido por um padrão: os Fatores Naturais. A natureza inorgânica e a orgânica estão conectadas pelos Fatores Naturais. A matéria bruta é vida adormecida. Tudo está estruturado de maneira semelhante: os seres inanimados, os vegetais, os animais, o homem, os seres supra-humanos.

A Força que age em todas as coisas orienta a evolução no sentido de um ponto de convergência, o Ponto Ômega, defendido pelo padre jesuíta Pierre Theilhard de Chardin, o filósofo, que procurava fazer uma síntese entre cristianismo e evolucionismo, e acreditava que para cada progresso em algum nível celular corresponde o mesmo progresso estelar ao nível da constituição planetária.

O provérbio sânscrito – "Deus dorme nos minerais, acorda nas plantas, anda nos animais e pensa dentro do homem" – harmoniza-se ainda mais admiravelmente com o postulado dos Fatores Naturais, quando nas palavras do escritor espírita francês Léon Denis: "*A alma dorme na pedra, sonha no vegetal, agita-se no animal e acorda no homem.*"

Uma árvore possui atmã, um galho de árvore decepado não, porque perdeu seu vínculo com a vida. Não é diferente de quando se trata do corpo humano: a parte amputada de um membro não possui atmã. O que pode escandalizar o leitor é a afirmação de que o atmã da árvore evolui para assumir formas de seres que não são árvores. Mas isso é o fundamento do postulado dos Fatores Naturais. Se não tivéssemos conhecimentos de biologia, também não acreditaríamos que uma semente de laranja contenha um embrião – portanto um atmã – que esconde uma árvore inteira.

Uma laranjeira possui o atmã que lhe é próprio. Uma laranja colhida da laranjeira possui apenas um aglomerado instável de Fatores Naturais, pois a laranja não é um ser vivo. Um vidro esterilizado possui aglomerado efêmero de Fatores Naturais, assim como qualquer substância inerte os possuem. Um copo de vidro contendo suco de laranja possui aglomerados efêmeros no vidro e no suco, porém os microrganismos que provavelmente estão presentes nas superfícies do copo e no suco de laranja possuem atmã, o aglomerado estável de Fatores Naturais. Um pé de laranja cortado ou arrancado do solo possui Fatores Naturais, mas não um atmã; o atmã que é próprio dessa árvore foi liberado e permanecerá assim desvencilhado até ser atraído para uma semente que vai conduzir o embrião de uma laranjeira. Um embrião de laranjeira é um indivíduo, portanto já com o atmã da sua espécie. Uma semente sem potencialidade germinativa não possui atmã. Uma muda de laranjeira, por minúscula que seja, contém um atmã. Um galho arrancado da laranjeira possui somente aglomerado instável de Fatores Naturais, mas se esse galho for fincado no solo, e "pegar", isto é, se lançar raízes, terá absorvido um atmã de laranjeira.

A laranjeira faz parte dessa orquestra maravilhosa responsável pela música divina que toca as criaturas para Deus, e, como todas as demais criaturas, evolui. O atmã de uma laranjeira absorve mais Fatores Naturais até que, atingido um número suficiente, se torne um atmã mais evoluído, um ser mais divino que uma laranjeira. Esse ser imediatamente superior a uma laranjeira não observável em nosso planeta o é em outras dimensões cósmicas, fazendo parte da escalada em que nós, seres humanos, estamos inseridos.

Quem somos nós, humanos, nessa escalada evolucionista em que estamos juntamente com a laranjeira? Conta-se nas histórias taoístas que Chuang Tzu, filósofo da China antiga, sonhou que era uma borboleta. Quando acordou, ficou em dúvida se ele era de fato Chuang Tzu ou se era uma borboleta que sonhava ser Chuang Tzu. E a vida, caro leitor, a da laranjeira, a da borboleta, a nossa, nada mais é que um sonho.